POESIA E POLÍCIA

Chantons, Célébrons; la Réunion des trois Ordres.

Um cantor de rua parisiense, 1789.

ROBERT DARNTON

Poesia e polícia

Redes de comunicação na Paris do século XVIII

Tradução
Rubens Figueiredo

Copyright © 2010 by Robert Darnton

Grafia atualizada segundo o Acordo Ortográfico da Língua Portuguesa de 1990, que entrou em vigor no Brasil em 2009.

Título original
Poetry and the Police: Communication Networks in Eighteenth-Century Paris

Capa
Mariana Newlands

Imagem de capa
Pintura de Louis Joseph Watteau, 1785. Palais des Beaux Arts, Lille, França.
Foto: Réunion des Musées Nationaux/ Art Resource, Nova York.

Preparação
Leny Cordeiro

Índice remissivo
Luciano Marchiori

Revisão
Carmen T. S. Costa
Ana Maria Barbosa

Dados Internacionais de Catalogação na Publicação (CIP)
(Câmara Brasileira do Livro, SP, Brasil)

Darnton, Robert
  Poesia e polícia : redes de comunicação na Paris do século XVIII / Robert Darnton ; tradução Rubens Figueiredo — 1ª ed. — São Paulo : Companhia das Letras, 2014.

  Título original: Poetry and the Police : Communication Networks in Eighteenth-Century Paris.

  ISBN 978-85-359-2411-4

  1. Ativistas políticos - França - Paris - História - Século 18 2. Comunicação na política - França - Paris - Século 18 - História 3. Cultura política - França - Paris - História - Século 18 4. Paris (França) - Condições sociais - Século 18 5. Paris (França) - História - 1715-1789 6. Paris (França) - Política e governo - Século 18 7. Poesia política francesa - História e crítica 8. Polícia - França - Paris - História - Século 18 9. Redes de Informação - França - Paris - Século 18 - História I. Título.

14-01275   CDD-944.361034

Índice para catálogo sistemático:
1. Paris : França : Condições sociais : História   944.361034

[2014]
Todos os direitos desta edição reservados à
EDITORA SCHWARCZ S.A.
Rua Bandeira Paulista, 702, cj. 32
04532-002 — São Paulo — SP
Telefone: (11) 3707-3500
Fax: (11) 3707-3501
www.companhiadasletras.com.br
www.blogdacompanhia.com.br

Sumário

Introdução	7
1. Policiando um poema	13
2. Um enigma	18
3. Uma rede de comunicação	21
4. Perigo ideológico?	28
5. Política da corte	36
6. Crime e castigo	42
7. Uma dimensão ausente	45
8. O contexto mais amplo	50
9. Poesia e política	61
10. Canção	71
11. Música	84
12. *Chansonniers*	107
13. Recepção	122
14. Um diagnóstico	128
15. Opinião pública	133
Conclusão	144

As canções e os poemas distribuídos pelos Catorze 150
Textos de "Qu'une bâtarde de catin"................... 161
A poesia e a queda de Maurepas...................... 165
O rastro dos Catorze 168
A popularidade das melodias 172
Um cabaré eletrônico: Canções de rua de Paris, 1748-50.. 177

Notas.. 195
Créditos das imagens 215
Índice remissivo 217

Introdução

Agora que as pessoas passam a maior parte do tempo trocando informações — seja enviando mensagens de celular, seja postando no Twitter, fazendo download ou upload, codificando, decodificando ou simplesmente conversando pelo telefone —, a comunicação se tornou a atividade mais importante da vida moderna. Em larga medida, ela determina o curso da política, da economia e do entretenimento comum. Constituindo um aspecto da existência cotidiana, parece algo tão amplamente disseminado que pensamos viver num mundo novo, numa ordem sem precedentes, a qual chamamos "sociedade da informação", como se as sociedades anteriores pouco se preocupassem com a informação. O que haveria para comunicar, imaginamos, quando os homens passavam os dias atrás de um arado e as mulheres só se reuniam esporadicamente, na bica de água da cidade?

Isso, está claro, é uma ilusão. A informação permeou toda ordem social desde que os seres humanos aprenderam a trocar sinais. As maravilhas da tecnologia da comunicação no presente criaram uma falsa consciência acerca do passado — até mesmo a ideia de que a comunicação não tem nenhuma história, ou nada teve de relevante para examinarmos, antes da era da televisão e da internet, a menos que, com certo esforço, remontemos a questão ao tempo do daguerreótipo e do telégrafo.

Sem dúvida, ninguém pode subestimar a importância da invenção do tipo móvel, e os pesquisadores aprenderam muito sobre o poder da imprensa desde a época de Gutenberg. Hoje em dia, a história do livro constitui uma das disciplinas vitais das "ciências humanas" (área em que as humanidades e as ciências sociais se sobrepõem). Mas, durante séculos após Gutenberg, a maioria dos homens e das mulheres (sobretudo as mulheres) não sabia ler. Embora trocassem informações constantemente por meio da palavra oral, quase todas elas desapareciam sem deixar vestígio. Jamais teremos uma adequada história da comunicação até que possamos reconstruir seu mais destacado elemento perdido: a oralidade.

Este livro é uma tentativa de preencher, em parte, essa lacuna. Em algumas raras ocasiões, trocas orais deixaram indícios de sua existência porque eram ofensivas. Insultavam alguém importante, ou pareciam hereges, ou minavam a autoridade de um soberano. Nos casos mais raros, a ofensa levava a uma investigação completa, conduzida pelo Estado ou por agentes da Igreja, o que redundava em volumosos dossiês, e esses documentos sobreviveram nos arquivos. As evidências que respaldam este livro pertencem à mais abrangente operação policial que encontrei em minha própria pesquisa em arquivos, uma tentativa de seguir a trilha de seis poemas por Paris em 1749, à medida que eram declamados, memorizados, retrabalhados, cantados e rabiscados em papel, em meio a uma enxurrada de outras mensagens, escritas e orais, durante um período de crise política.

O Caso dos Catorze (*L'Affaire des Quatorze*), como esse episódio ficou conhecido, começou com a prisão de um estudante de medicina que havia recitado um poema que atacava Luís XV. Ao ser interrogado na Bastilha, ele identificou a pessoa com quem obtivera o poema. Essa pessoa foi presa; ela revelou sua fonte; e as prisões continuaram até a polícia encher as celas da Bastilha com catorze cúmplices, acusados de participar de recitais clandestinos de poesia. A supressão da maledicência (*mauvais propos*) acerca do governo constituía uma das tarefas habituais da polícia. Porém, a polícia dedicou tanto tempo e tanta energia ao encalço dos Catorze — que eram parisienses absolutamente comuns e nada ameaçadores, bastante alheios às lutas pelo poder travadas em Versailles — que tal investigação levanta uma pergunta óbvia: por que as autoridades, as de Versailles e também as de Paris, se mostraram tão interessadas em perseguir poemas? Essa pergunta nos leva a muitas outras. Ao acompanhar o curso dos poemas e ao seguir as pistas que a polícia levantava à medida que ia prendendo um homem depois do outro, podemos descobrir uma complexa rede de comunicação e estudar a maneira como a informação circulava numa sociedade semialfabetizada.

Ela passava por diversos meios de comunicação. O grupo dos Catorze era formado sobretudo por escrivães e abades, que tinham pleno domínio da palavra escrita. Copiavam os poemas em tiras de papel, algumas das quais sobreviveram nos arquivos da Bastilha, porque a polícia os confiscava ao revistar os prisioneiros. Sob interrogatório, alguns dos Catorze revelaram que haviam também ditado os poemas uns aos outros e os memorizaram. De fato, um *dictée* foi conduzido por um professor na Universidade de Paris: ele declamou um poema que sabia de cor e que se estendia por oitenta versos. A arte da memória era uma força poderosa no sistema de comunicação do Ancien Régime. No entanto, o instrumento mnemônico mais eficaz era a música. Dois poemas ligados ao Caso dos Catorze foram compostos para serem cantados em melodias populares e podem ser localizados em coletâneas, feitas na época, de canções conhecidas como *chansonniers*, nas quais aparecem lado a lado com outras canções e outras formas de trocas orais — piadas, charadas, mexericos e *bons mots*.

Os parisienses muitas vezes compunham letras novas para melodias antigas. Não raro, as letras se referiam a fatos do momento e, à medida que os fatos se desdobravam, a criatividade anônima acrescentava versos novos. Por conseguinte, as canções proporcionam uma crônica a respeito das questões públicas, e existem em número tão grande que podemos perceber como as letras trocadas entre os Catorze se enquadram em ciclos de canções que levavam mensagens por todas as ruas de Paris. Podemos até ouvi-las — ou pelo menos ouvir uma versão moderna da forma como provavelmente eram naquele tempo. Embora os *chansonniers* e os versos confiscados dos Catorze contivessem apenas as letras das canções, eles fornecem o título e os primeiros versos das canções em cuja melodia as letras deviam ser encaixadas. Procurando os títulos em "chaves" e documentos semelhantes, com notas musicais, no Département de Musique da Bibliothèque Nationale de France, podemos associar as palavras às melodias. Hélène Delavault, uma talentosa artista de cabaré de Paris, aceitou gentilmente gravar uma dúzia das canções mais importantes. A gravação, disponível como suplemento eletrônico (www.hup.harvard.edu/features/darpoe), proporciona uma forma, ainda que aproximada, de sabermos como as mensagens eram moduladas pela música, transmitida pelas ruas e transportada dentro da cabeça de parisienses, há mais de dois séculos.

Da pesquisa em arquivos para um "cabaré eletrônico", esse tipo de história compreende discussões de vários tipos e graus de conclusividade. Talvez seja impossível provar uma tese de modo definitivo trabalhando ao mesmo tempo com som e sentido. Mas as recompensas são suficientes para que valha a pena correr o risco, pois, se pudermos recuperar sons do passado, teremos uma compreensão mais rica da história.¹ Não que os historiadores devam se entregar a fantasias gratuitas sobre ouvir os mundos que perdemos. Ao contrário, toda tentativa de recuperar a experiência oral requer um rigor especial no uso dos dados. Por isso reproduzi, no apêndice do livro, alguns dos principais documentos que os leitores poderão estudar a fim de avaliar minha própria interpretação. A última seção desse apêndice serve como um programa para a apresentação de cabaré de Hélène Delavault. Fornece dados de um tipo incomum, que se destinam a ser estudados e também desfrutados. Assim é este livro como um todo. Começa com uma história policial.

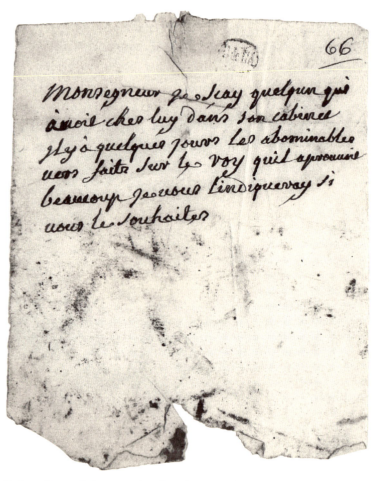

Pedaço de papel de um espião da polícia que desencadeou a sequência de prisões.

1. Policiando um poema

Na primavera de 1749, o superintendente geral da polícia de Paris recebeu uma ordem para capturar o autor de uma ode que começava assim: "*Monstre dont la noire furie*" (Monstro cuja fúria negra). A polícia não dispunha de nenhuma pista, senão que a ode tinha por título "O exílio do M. de Maurepas". No dia 24 de abril, Luís XV demitira e mandara para o exílio o conde de Maurepas, que havia dominado o governo no posto de ministro da Marinha e da Casa Real. Obviamente algum aliado de Maurepas dera vazão à sua revolta em versos que atacavam o próprio rei, pois o "monstro" se referia a Luís XV: por isso a polícia foi mobilizada. Difamar o rei num poema que circulava abertamente era uma questão de Estado, um crime de *lèse-majesté*.

A notícia se espalhou entre as legiões de espiões empregados pela polícia e, no final de junho, um deles farejou a pista. Comunicou sua descoberta num pedaço de papel — duas frases, sem assinatura e sem data.

Monseigneur,
Conheço uma pessoa que possuía em seu escritório, alguns dias atrás, o abominável poema sobre o rei e que o aprovou bastante. Vou identificá-lo para o senhor, se for o seu desejo.[1]

Depois de obter doze *louis d'or* (quase um ano de salário de trabalhador sem qualificação), o espião apresentou um exemplar da ode e o nome da pessoa que lhe havia fornecido o material: François Bonis, estudante de medicina, que residia no Collège Louis-le-Grand, onde supervisionava a educação de dois jovens cavaleiros das províncias. A notícia percorreu rapidamente a hierarquia de comando: do espião, que continuou anônimo, para Joseph d'Hémery, inspetor do comércio de livros; para Nicolas René Berryer, superintendente geral da polícia; para Marc Pierre de Voyer de Paulmy, conde D'Argenson, ministro da Guerra e do departamento de Paris e personagem mais poderoso no novo governo. D'Argenson reagiu imediatamente: não havia nenhum minuto a perder; Berryer deveria prender Bonis o quanto antes; uma *lettre de cachet* [carta timbrada]* poderia ser providenciada mais tarde; e a operação deveria ser conduzida sob sigilo máximo, para que a polícia pudesse cercar os cúmplices.[2]

O inspetor D'Hémery cumpriu as ordens com profissionalismo admirável, como ele mesmo assinalou em relatório para Berryer.[3] Tendo distribuído agentes em posições estratégicas e deixado uma carruagem a postos logo depois de uma esquina, ele abordou seu homem na Rue du Foin. O *maréchal* de Noailles queria vê-lo, disse a Bonis — tratava-se de questão de honra, envolvendo um capitão da cavalaria. Como Bonis sabia ser inocente de qualquer ato que pudesse dar ensejo a um duelo (cabia a Noailles

---

* No Ancien Régime francês, carta régia contendo ordem de prisão ou de exílio. (N. T.)

julgar tais questões), acompanhou de bom grado D'Hémery até a carruagem e depois desapareceu na Bastilha.

A transcrição do interrogatório de Bonis seguiu o formato de costume: perguntas e respostas, registradas na forma de um quase diálogo e com a exatidão atestada por Bonis e por seu interrogador, o comissário de polícia Agnan Philippe Miché de Rochebrune, que rubricaram todas as páginas.

> Indaguei se não é verdade que compôs alguma poesia contra o rei e que leu o texto para várias pessoas.
>
> Respondeu que nada tem de poeta e jamais compôs poemas contra ninguém, mas que há cerca de três semanas, quando estava no hospital [Hôtel Dieu] em visita ao abade Gisson, diretor do hospital, aproximadamente às quatro horas da tarde, apareceu um padre também em visita ao abade Gisson; que o padre era de estatura muito elevada e aparentava 35 anos de idade; que a conversa tratou de matérias publicadas nos jornais; e que esse padre, ao dizer que alguém tivera a perversidade de compor versos satíricos contra o rei, mostrou um poema contra sua majestade, do qual o interrogado fez uma cópia ali mesmo, no gabinete do Sieur Gisson, mas sem anotar todos os versos do poema e pulando boa parte dele.[4]

Em suma, uma reunião suspeita: estudantes e padres discutindo sobre fatos do momento e divulgando ataques satíricos contra o rei. O interrogatório prosseguiu da seguinte forma:

> Indaguei que uso fez do mencionado poema.
>
> Disse que o recitou numa sala do mencionado Collège Louis-le--Grand na presença de poucas pessoas e que, depois disso, o queimou.
>
> Falei que ele não estava dizendo a verdade e que não fez a cópia do poema com tamanha sofreguidão só para queimá-lo em seguida.
>
> Disse que julgava que o mencionado poema tinha sido escrito

por alguns jansenistas e que bastava ter o poema diante dos olhos para ver do que os jansenistas são capazes, como eles pensavam e até como é seu estilo.

O comissário Rochebrune rebateu essa débil defesa com um sermão sobre a iniquidade de espalhar "veneno". Tendo obtido a cópia do poema com um dos conhecidos de Bonis, a polícia sabia que ele não a queimara. Porém haviam prometido proteger a identidade de seu informante e não estavam especialmente interessados no que fora feito do poema depois que chegou a Bonis. Sua missão era rastrear o processo de difusão do poema no sentido contrário, a fim de chegar à sua fonte.[5] Bonis não tinha condições de identificar o padre que lhe havia mostrado sua cópia. Portanto, sob pressão da polícia, escreveu uma carta a seu amigo no Hôtel Dieu e perguntou o nome e o endereço do padre para que pudesse devolver um livro que pegara emprestado. A resposta trouxe a informação desejada, e o padre Jean Edouard, da paróquia de St. Nicolas des Champs, foi para a Bastilha.

Durante seu interrogatório, Jean Edouard afirmou ter recebido o poema de outro padre, Inguimbert de Montange, que foi preso e disse que o havia obtido de um terceiro padre, Alexis Dujast, que foi preso e disse que o havia obtido de um estudante de direito, Jacques Marie Hallaire, que foi preso e disse que o havia obtido num cartório, com um escrevente, Denis Louis Jouret, que foi preso e disse que o havia obtido com um estudante de filosofia, Lucien François du Chaufour, que foi preso e disse que o havia obtido com um colega de turma chamado Varmont, o qual fora alertado de que deveria procurar um esconderijo, mas acabou se entregando e afirmou ter obtido o poema com outro estudante, Maubert de Freneuse, que nunca foi encontrado.[6]

Cada prisão gerava seu dossiê próprio, repleto de informações sobre a maneira como os comentários políticos — nesse caso, um poema satírico acompanhado por amplas discussões e leituras paralelas — percorriam circuitos de comunicação. À primeira vista, o rumo da transmissão parece seguir em linha reta, e tudo indica que o ambiente é bastante homogêneo. O poema passou de mão em mão por uma série de estudantes, escreventes e padres, a maioria amigos e todos jovens — a idade ia de dezesseis (Maubert de Freneuse) a 31 anos (Bonis). O poema em si exalava um cheiro característico, pelo menos para D'Argenson, que o devolveu para Berryer com um bilhete no qual o definia como "um texto infame que, para mim, assim como para o senhor, parece exalar um cheiro de pedantismo e de Quartier Latin".[7]

Porém, à medida que a investigação ganhou abrangência, o quadro se tornou mais complicado. Em seu caminho, o poema cruzou com outros cinco poemas, todos sediciosos (pelo menos aos olhos da polícia) e todos com seu próprio padrão de difusão. Eram copiados em tiras de papel, trocadas por outras tiras de papel do mesmo tipo, ditados para mais copistas, memorizados, declamados, impressos em panfletos clandestinos e em certos casos adaptados para melodias populares e cantados. Além do primeiro grupo de suspeitos mandados para a Bastilha, outros sete homens também foram aprisionados; e esses comprometeram outros cinco, que fugiram. No fim, a polícia encheu a Bastilha com catorze fornecedores de poesia — daí o nome da operação nos dossiês, "*L'Affaire des Quatorze*". Mas jamais encontraram o autor do poema original. A rigor, talvez nunca tenha existido um autor, porque as pessoas acrescentavam e subtraíam estrofes e modificavam as frases como bem entendiam. Era um caso de criação coletiva; e o primeiro poema se mesclava e cruzava com tantos outros que, tomados em conjunto, criavam um campo de impulsos poéticos, saltando de um ponto de transmissão para outro e enchendo o ar com aquilo que a polícia chamava de "*mauvais propos*" ou "*mauvais discours*", uma cacofonia de sedição adaptada em rimas.

2. Um enigma

A caixa nos arquivos — que continha os registros dos interrogatórios, relatórios de espiões e anotações misturados sob a etiqueta "Caso dos Catorze" — pode ser entendida como um aglomerado de pistas para um mistério que denominamos "opinião pública". Que tal fenômeno existisse 250 anos atrás é algo que dificilmente pode ser posto em dúvida. Depois de ganhar força durante décadas, ela desferiu o golpe decisivo quando o Velho Regime ruiu, em 1788. Mas, a rigor, o que era isso e como afetou o curso dos acontecimentos? Embora tenhamos vários estudos acerca do conceito de opinião pública como tema de reflexão filosófica, possuímos pouca informação sobre a maneira como ela funcionava na prática.

De que forma devemos entendê-la? Devemos encará-la como uma série de protestos, que batem como ondas contra a estrutura do poder, em crises sucessivas, desde as guerras religiosas do século XVI até os conflitos parlamentares da década de 1780? Ou como uma atmosfera de opiniões, que muda conforme os caprichos dos determinantes sociais e políticos? Como um discurso ou como um amontoado de discursos concorrentes, desenvolvidos por grupos sociais de bases institucionais diferentes? Ou, ainda, como um conjunto de atitudes, oculto sob a superfície dos fatos, mas potencialmente acessível aos historiadores por meio de pesquisa e análise? É possível definir opinião pública de diversas maneiras e apresentá-la para o exame de vários pontos de vista; porém, tão logo conseguimos uma imagem mais definida, ela se embaça e se dissolve, como o Gato de Cheshire.

Em vez de tentar aprisioná-la numa definição, gostaria de segui-la pelas ruas de Paris — ou, antes, uma vez que ela mesma ilude nossa compreensão, gostaria de rastrear uma mensagem pelos meios de comunicação da época. Mas, primeiro, precisamos falar um pouco sobre as questões teóricas envolvidas.

Correndo o risco de uma excessiva simplificação, acho justo distinguir duas posições que dominam os estudos históricos sobre a opinião pública e podem ser identificados, de um lado, com Michel Foucault e, de outro, com Jürgen Habermas. Como diriam os foucaultianos, a opinião pública deve ser entendida como uma questão de epistemologia e poder. A exemplo de todos os objetos, ela é construída pelo discurso, um processo complexo que envolve o ordenamento de percepções segundo categorias apoiadas numa grade epistemológica. Um objeto não pode ser pensado, não pode existir, antes de ser construído discursivamente. Portanto, a "opinião pública" não existia até a segunda metade do século XVIII, quando o termo entrou em uso pela primeira vez e quando os filósofos o invocaram a fim de transmitir a ideia de uma autoridade suprema, ou de um tribunal supremo, ao qual os governantes tinham de prestar contas. Para os habermasianos, a opinião pública deve ser entendida sociologicamente, tal como a razão que atua através do processo da comunicação. Uma solução racional de questões públicas pode se desenvolver mediante a própria publicidade, ou "*Öffentlichkeit*" — ou seja, se as questões públicas forem debatidas de maneira livre por cidadãos comuns. Esses debates têm lugar na mídia impressa, nos cafés, nos salões e em outras instituições que constituem a "esfera pública" burguesa, termo de Habermas para o território social localizado entre o mundo privado da vida doméstica e o mundo oficial do Estado. Da forma como Habermas concebe, essa esfera emergiu pela primeira vez durante o século XVIII e, portanto, a opinião pública foi originalmente um fenômeno daquele século.[1]

De minha parte, creio que há algo a dizer em favor de ambos os pontos de vista, mas nenhum deles funciona quando tento alcançar o significado dos dados com que me deparei nos arquivos. Logo, tenho um problema. Todos temos, quando tentamos alinhar questões teóricas com a pesquisa empírica. Por conseguinte, permitam-me deixar em suspenso as questões conceituais e voltar à caixa dos arquivos da Bastilha.

3. Uma rede de comunicação

O diagrama reproduzido na página 23, com base numa leitura meticulosa de todos os dossiês, oferece uma imagem de como a rede de comunicação atuava. Cada poema — ou canção popular, pois alguns são referidos como *chansons* e foram escritos para serem cantados em determinadas melodias[1] — pode ser rastreado através de combinações de pessoas. Mas o caminho real deve ter sido bem mais complicado e vasto, porque as linhas de transmissão muitas vezes desaparecem em certo ponto para ressurgir em outros, acompanhadas por poemas de fontes diferentes.

Se seguirmos as linhas para baixo, por exemplo, conforme a ordem das prisões — de Bonis, preso no dia 4 de julho de 1749, para Edouard, preso em dia 5 de julho, para Montange, preso em 8 de julho, e para Dujast, preso também no dia 8 de julho —, chegamos a uma bifurcação em Hallaire, que foi preso em 9 de julho. Ele recebeu o poema que a polícia vinha rastreando — etiquetado com o número 1 e iniciado pelo verso "Monstre dont la noire furie" — da linha principal, que avança verticalmente para baixo pelo lado esquerdo do diagrama; e também recebeu três outros poemas do abade Christophe Guyard, que ocupava uma posição fundamental numa rede contígua. Guyard, em troca, recebeu cinco poemas (dois deles, duplicatas) de três outros fornecedores, que por sua vez tinham fornecedores próprios. Assim, o poema 4, que começa com o verso "Qu'une bâtarde de catin" (Que uma meretriz bastarda), transmitido de um seminarista chamado Théret (na parte de baixo, à direita do diagrama) para o abade Jean le Mercier, para Guyard, para Hallaire. E o poema 3, "Peuple jadis si fier, aujourd'hui si servile" (Povo outrora tão orgulhoso, hoje tão servil), foi de Langlois de Guérard, um conselheiro no Grand Conseil (uma corte superior de justiça), para o abade Louis-Félix de Baussancourt e para Guyard. Mas os poemas 3 e 4 também apareceram em outros pontos e nem sempre percorreram todo o caminho ao longo do circuito, segundo as informações obtidas nos interrogatórios (o poema 3 parece parar em Le Mercier; o 2, o 4 e o 5 parecem parar em Hallaire). A rigor, todos os poemas provavelmente percorreram caminhos muito mais longos, em esquemas bem mais complexos do que o mostrado no diagrama, e a maior parte das catorze pessoas presas por difundi-los deve ter suprimido muitas informações sobre seu papel como intermediários, a fim de minimizar sua culpa e proteger seus contatos.

Portanto, o diagrama oferece apenas uma indicação mínima do esquema de distribuição, limitada pela natureza da documentação. No entanto, apresenta um retrato fiel de um segmento significativo do circuito de comunicação, e os registros dos interrogatórios na Bastilha fornecem muitas informações sobre o ambiente pelo qual a poesia circulava. Todos os catorze homens presos pertenciam às camadas médias da provinciana sociedade parisiense. Descendiam de famílias respeitáveis e educadas, sobretudo de nível superior, embora alguns pudessem ser classificados como da pequena burguesia. O escrevente judiciário Denis Louis Jouret era filho de um funcionário de baixo escalão (*mesureur de grains*);

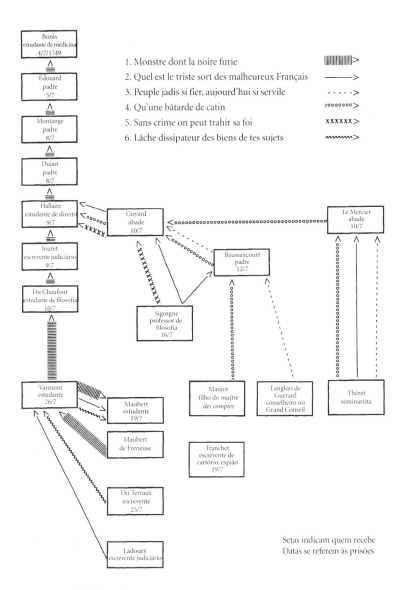

Esquema de difusão de seis poemas.

o escrevente de cartório Jean Gabriel Tranchet era filho de um administrador parisiense (*contrôleur du bureau de la Halle*); e o estudante de filosofia Lucien François du Chaufour era filho de um merceeiro (*marchand épicier*). Outros pertenciam a famílias mais proeminentes, que para se defender escreviam cartas e tratavam de mexer uns pauzinhos. O pai de Hallaire, um comerciante de sedas, redigiu vários apelos seguidos ao tenente-general da polícia, enfatizando o bom caráter do filho e se oferecendo para apresentar os testemunhos de seus professores e do cura. Os parentes de Inguimbert de Montange declararam que ele era um modelo de cristão cujos ancestrais prestaram serviços com distinção à Igreja e ao Exército. O bispo de Angers enviou um testemunho em favor de Le Mercier, garantindo que fora um aluno exemplar no seminário local e dizendo que o pai, um oficial do Exército, estava transtornado de preocupação. O irmão de Pierre Sigorgne, um jovem professor de filosofia no Collège du Plessis, insistia em ressaltar a respeitabilidade de seus parentes, "bem-nascidos, mas sem fortuna",[2] e o diretor da instituição de ensino atestou o valor de Sigorgne como mestre.

> A reputação que ele conquistou na universidade e em todo o reino com seu mérito literário, com seu método e com a relevância do assunto que aborda em sua filosofia atrai muitos alunos e internos à minha faculdade. Nossa incerteza sobre seu regresso os impede de vir este ano e até leva alguns deles a nos deixar, o que causa um dano infinito à faculdade... Falo tendo em vista o bem público e o progresso das belas-letras e das ciências.[3]

Tais cartas, é claro, não podiam ser tomadas ao pé da letra. A exemplo das respostas nos interrogatórios, elas tinham a intenção de retratar os suspeitos como pessoas ideais, incapazes de praticar um crime. Mas os dossiês não sugerem nenhum grande empenho ideológico, sobretudo quando comparados com os dossiês sobre os jansenistas, que também eram perseguidos pela polícia em 1749 e não escondiam seu compromisso com uma causa. O interrogatório de Alexis Dujast, por exemplo, indica que ele e os colegas estudantes tinham interesse tanto pelas qualidades poéticas quanto pelo caráter político dos poemas. Ele contou para a polícia que havia adquirido a ode sobre o exílio de Maurepas (poema 1) quando estava jantando com Hallaire, um estudante de direito de dezoito anos, na casa deste, na Rue St. Dennis. Parece ter sido uma residência muito próspera, onde havia espaço na mesa de jantar para os amigos do jovem Hallaire e onde as conversas tratavam das belas-letras. A certa altura, segundo o relatório da polícia sobre o testemunho de Dujast, "ele [Dujast] foi chamado à parte pelo jovem Hallaire, um estudante de direito que se orgulhava de seus dons literários e que leu para ele um poema contra o rei". Dujast pegou emprestado o exemplar manuscrito do poema e levou-o para seu colégio, onde fez uma cópia para si, a qual leu em voz alta para estudantes em várias ocasiões. Depois de uma leitura no refeitório da faculdade, entregou o poema para o abade Montange, que também fez uma cópia e mostrou-o a Edouard, cuja cópia chegou a Bonis.[4]

As referências cruzadas nos dossiês sugerem a existência de uma espécie de círculo clerical clandestino, mas nada semelhante a uma conjuração política. Os padres jovens que estudavam a fim de obter um diploma de nível superior gostavam, é claro, de chocar uns aos outros com literatura clandestina, contrabandeada embaixo de suas *soutanes*. Como as controvérsias jansenistas estivessem explodindo em toda parte ao redor deles em 1749, aqueles homens podiam ser suspeitos de jansenismo (o jansenismo era uma variedade rigorosamente agostiniana de devoção e de teologia que foi condenada como herética pela bula papal *Unigenitus* em 1713). Porém, nenhum dos poemas manifestava apoio à causa jansenista, e Bonis, em particular, tentou livrar-se da Bastilha denunciando jansenistas.[5] Além disso, os padres às vezes pareciam mais galantes que piedosos e mais interessados em literatura que em teologia; pois o jovem Hallaire não era o único com pretensões literárias. Quando a polícia o revistou na Bastilha, encontrou em seus bolsos dois poemas: um que atacava o rei (poema 4) e outro que acompanhava um par de luvas que ganhara de presente. Ele recebera os dois poemas do abade Guyard, que havia mandado as luvas com um poema junto — uns frívolos *vers de circonstance* que ele tinha composto para a ocasião — em lugar do pagamento de uma dívida.[6] Guyard recebera um poema ainda mais mundano (número 3, "Qu'une bâtarde de catin") de Le Mercier, o qual por sua vez o ouvira recitado por Théret num seminário. Le Mercier copiara as palavras e depois acrescentara alguns comentários críticos no pé da página. Fazia objeções não à sua linha política, mas à sua versificação, em especial a uma estrofe que atacava o chanceler D'Aguesseau, na qual a palavra "décrépit" rimava precariamente com "fils".[7]

Os jovens abades traficavam poemas com amigos em outras faculdades, sobretudo em cursos de direito, e com estudantes que estavam terminando sua *philosophie* (último ano na escola secundária). Sua rede se irradiava pelas principais faculdades da Universidade de Paris — inclusive Louis-le-Grand, Du Plessis, Navarre, Harcourt e Bayeux (mas não o amplamente jansenista Collège de Beauvais) — e para além do "Quartier Latin" ("*le pays latin*", na expressão mordaz de D'Argenson). O interrogatório de Guyard mostra que ele obtinha seu vasto estoque de poemas com fontes clericais e depois os difundia na sociedade secular, não só para Hallaire, mas também para um advogado, para um conselheiro no tribunal presidial de La Flèche e para a esposa de um taverneiro parisiense. A transmissão se fez por meio de memorização, anotações e recitações em pontos estratégicos da rede de amigos.[8]

À medida que a investigação avançava rumo à fonte do

esquema de difusão, a polícia ia se afastando da Igreja. Toparam com um conselheiro do Grand Conseil (Langlois de Guérard), com um escrevente jucidiário no Grand Conseil (Jouret), um escrevente judiciário (Ladoury) e um escrevente de cartório (Tranchet). Encontraram também outro grupo de estudantes cuja figura central parecia ser um jovem chamado Varmont, que estava concluindo seu ano de filosofia no Collège d'Harcourt. Ele havia reunido uma bela coleção de poemas sediciosos, entre os quais o poema 1, memorizado e ditado em sala de aula para Du Chaufour, um colega estudante de filosofia, que o passou adiante na cadeia de difusão que por fim levou a Bonis. Varmont foi avisado da prisão de Du Chaufour por Jean Gabriel Tranchet, um escrevente de cartório que também prestava serviços de espião para a polícia e, portanto, tinha acesso a informações confidenciais. No entanto, Tranchet não conseguiu apagar as próprias pegadas e, assim, ele mesmo também foi levado para a Bastilha, ao passo que Varmont se escondeu. Após uma semana vivendo na clandestinidade, Varmont parece ter se entregado e foi libertado depois de fazer uma declaração sobre suas próprias fontes. Elas incluíam um punhado de escreventes e estudantes, dois dos quais foram presos, mas não conseguiram fornecer outras pistas. Nesse ponto, a documentação se esgota e a polícia provavelmente desistiu, porque o rastro do poema 1 se tornara tão rarefeito que já não se podia distingui-lo de todos os outros poemas, canções, epigramas, rumores, anedotas e *bons mots* que iam e vinham pelas redes de comunicação da cidade.[9]

4. Perigo ideológico?

Ao ver a polícia caçar poemas em tantas direções, temos a impressão de que sua investigação se desdobrou em uma série de prisões que poderiam ter prosseguido de modo indefinido sem nunca chegar ao autor inicial. Onde quer que procurassem, sempre se deparavam com alguém que recitava ou cantava versos sobre a corte. A travessura se difundia entre jovens intelectuais no clero e parece ter se concentrado especialmente em cidadelas da ortodoxia, tais como faculdades e escritórios de advocacia, onde jovens burgueses concluíam sua formação e seu aprendizado profissional. Será que a polícia detectou uma tendência de deterioração ideológica no próprio cerne do Velho Regime? Talvez — mas será que aquilo deveria ser levado a sério como uma sedição? Os dossiês dão conta de um ambiente de abades mundanos, escreventes da justiça e estudantes, que brincavam de se fazer de *beaux--esprits* e apreciavam a troca de mexericos políticos rimados. Era uma brincadeira perigosa, mais do que imaginavam, no entanto estava longe de constituir uma ameaça ao Estado francês. Por que a polícia reagiu de forma tão enérgica?

O único prisioneiro entre os catorze que demonstrava algum sinal sério de insubordinação era o professor de filosofia de 31 anos do Collège du Plessis, Pierre Sigorgne. Ele se comportou de maneira diferente em relação aos demais. Ao contrário destes, negou tudo. Em tom desafiador, disse à polícia que não tinha escrito os poemas, que jamais tivera em mãos nenhuma cópia deles, nunca os havia recitado e não assinaria a transcrição do interrogatório porque o considerava ilegal.[1]

De início, a firmeza de Sigorgne convenceu a polícia de que haviam, afinal, descoberto seu poeta. Nenhum dos outros suspeitos hesitara em revelar suas fontes, em parte graças a uma técnica empregada nos interrogatórios: a polícia avisava aos prisioneiros que qualquer um que não contasse onde havia recebido um poema seria suspeito de tê-lo escrito — e seria devidamente castigado. Guyard e Baussancourt já tinham dado testemunho de que Sigorgne havia ditado dois poemas para eles, de memória, em diferentes ocasiões. Um deles, o poema 2, "Quel est le triste sort des malheureux Français" (Qual é a triste sina dos desafortunados franceses), tinha oitenta versos; o outro, o poema 5, "Sans crime on peut trahir sa foi" (Sem [cometer um] crime, se pode trair sua fé), tinha dez versos. Ainda que a memorização fosse uma arte extremamente desenvolvida no século XVIII e alguns dos outros prisioneiros a praticassem (Du Terraux, por exemplo, havia recitado o poema 6 de memória para Varmont, que o memorizou enquanto ouvia), tal proeza de memória podia ser encarada como uma prova de autoria do poema.

No entanto, nada indica que Sigorgne tivesse o mais remoto conhecimento da existência do principal poema que a polícia estava rastreando, "Monstre dont la noire furie". Ele não fazia mais que ocupar o ponto onde as linhas convergiam num esquema de difusão, e a polícia o havia apanhado inadvertidamente, ao seguir as pistas de um ponto para outro. Embora não fosse aquilo que estavam procurando, mesmo assim era um peixe grande. Em seus relatórios, a polícia o definia como uma pessoa suspeita, um "homem de espírito" (*homme d'esprit*), conhecido por suas opiniões avançadas sobre física. Na verdade, Sigorgne foi o primeiro professor a ensinar o newtonianismo na França, e suas *Instituitions newtoniennes*, publicadas dois anos antes, ainda ocupam um lugar na história da física. Um professor de seu gabarito não condiz nem de longe com a imagem de alguém que dita poemas sediciosos aos alunos. Mas por que Sigorgne, ao contrário de todos os demais, se recusou de forma tão desafiadora a falar? Ele não escrevera os poemas e sabia que sua prisão ia demorar mais tempo e seria mais rigorosa caso se recusasse a cooperar com a polícia.

Na verdade, ele parece ter sofrido terrivelmente. Depois de quatro meses na cela, sua saúde se deteriorou a tal ponto que ele achava ter sido envenenado. Segundo cartas que seu irmão mandou ao tenente-general, toda a família de Sigorgne — cinco filhos e pai e mãe idosos — perderiam sua principal fonte de sustento, a menos que ele pudesse reassumir o emprego. Sigorgne foi solto no dia 23 de novembro, mas foi exilado para Lorraine, onde passou o resto da vida. A *lettre de cachet* que o mandou para a Bastilha no dia 16 de julho transformou-se num golpe fatal em sua carreira universitária, no entanto ele nunca se rendeu. Por quê?[2]

Meio século depois, André Morellet, um dos jovens abades filósofos que se congregavam ao redor de Sigorgne, conservava uma lembrança bem viva do episódio e até de um dos poemas ligados ao caso. O poema tinha sido escrito por um amigo de Sigorgne, um certo abade Bon, como Morellet revelou em suas memórias. Sigorgne se recusou a falar para salvar Bon e talvez também alguns estudantes que ouviram seus *dictées*. Um deles era amigo íntimo de Morellet e seu colega estudante, Anne Robert Jacques Turgot, que na época se preparava para seguir carreira na Igreja. Turgot se deixara levar pelo eloquente newtonianismo de

Sigorgne no Collège du Plessis e também ficara amigo de Bon; assim, também ele poderia passar uma temporada na Bastilha, caso Sigorgne falasse. Pouco depois do Caso dos Catorze, Turgot resolveu seguir carreira na administração; e 25 anos depois, quando se tornou controlador geral de finanças de Luís XVI, interveio a fim de conseguir um posto de abade para Sigorgne.[3]

Durante seus tempos de estudante, Turgot e Morellet tinham outro amigo comum, seis anos mais velho e muito mais audacioso que Sigorgne em sua filosofia: Denis Diderot. Eles contribuíram com verbetes para a *Encyclopédie* de Diderot, que estava sendo lançada na época do Caso dos Catorze. Na verdade, o lançamento foi adiado porque o próprio Diderot foi para a prisão, o Château de Vincennes, no dia 24 de julho de 1749, oito dias depois de Sigorgne ir para a Bastilha. Diderot não tinha escrito nenhum poema irreverente sobre o rei, mas havia criado um tratado antirreligioso, *Lettre sur les aveugles*, e seu caminho cruzava com o dos poemas no sistema de distribuição. O poema 5 foi ditado por Sigorgne para Guyard, e Guyard o enviou para Hallaire "num livro intitulado *Lettre sur les aveugles*".[4] Declamado para estudantes de filosofia por um especialista em Newton, o poema circulou dentro do tratado antirreligioso escrito pelo cabeça dos enciclopedistas. Morellet, Turgot, Sigorgne, Diderot, a *Encyclopédie*, a *Lettre sur les aveugles*, a lei do quadrado inverso e a vida sexual de Luís XV — tudo se misturava de forma promíscua nos canais de comunicação da Paris do século XVIII.

Isso significa que o local estava sitiado, minado e pronto para explodir? É claro que não. Em nenhum ponto dos dossiês se pode sentir o cheiro de uma revolução incipiente. Um sopro de Iluminismo, sim; uma suspeita de hostilidade ideológica, seguramente; mas nada parecido com uma ameaça ao Estado. Muitas vezes a polícia prendia parisienses que insultavam o rei em público. Mas nesse caso eles lançaram uma rede de arrasto em todas as faculdades e em todos os cafés de Paris; e, quando puxaram a rede e pegaram uma leva de pequenos abades e escreventes de advogados, os esmagaram com toda a força da autoridade absoluta do rei. Por quê? Para formular a pergunta que, segundo consta, Erving Goffman definiu como o ponto de partida de qualquer investigação nas ciências humanas: o que estava acontecendo?

A operação parece especialmente intrigante quando consideramos seu caráter. A iniciativa partiu do homem mais poderoso no governo francês, o conde D'Argenson, e a polícia cumpriu sua missão com extremo cuidado e discrição. Depois de meticulosos preparativos, prenderam um suspeito após outro; e suas vítimas desapareceram na Bastilha, não lhes sendo permitido nenhum contato com o mundo exterior. Passaram-se dias antes que a família e os amigos soubessem o que tinha acontecido. O diretor do Collège de Navarre, onde dois dos suspeitos estudavam, redigiu cartas desesperadas ao tenente-general, perguntando onde tinham sido afogados. Eram alunos exemplares, incapazes de cometer algum crime, ele insistia: "Caso o senhor tenha informações sobre seu paradeiro, em nome de Deus, não se furte a contar-me se estão vivos; pois, em minha incerteza, meu estado é pior que o deles. Parentes respeitáveis e seus amigos me perguntam a toda hora do dia o que aconteceu com eles".[5]

Certa quantidade de manobras evasivas era imprescindível para que a polícia pudesse seguir as pistas sem alarmar o autor do poema. Assim como aconteceu com Bonis, eles usaram vários ardis a fim de atrair os suspeitos ao interior de carruagens e levá-los depressa para a Bastilha. Em geral, entregavam ao suspeito um embrulho e diziam que, dentro da carruagem, o doador estava esperando para lhe fazer uma proposta. Nenhuma das vítimas conseguiu resistir ao impulso da curiosidade. Todas desapareceram das ruas de Paris sem deixar vestígios. A polícia se orgulhava de seu profissionalismo nos relatórios que apresentavam a D'Argenson, e ele respondia com congratulações. Depois da primeira prisão, ordenou a Berryer que redobrasse os esforços para que as autoridades conseguissem "chegar, se possível, à fonte de tamanha infâmia".[6] Após a segunda prisão, ele tornou a pressionar o tenente-general: "Não devemos, Monsieur, deixar que o fio escape de nossas mãos, agora que o agarramos. Ao contrário, temos de segui-lo até sua fonte, por mais alto que ele nos leve".[7] Cinco prisões depois, D'Argenson se mostrou exultante:

> Temos aqui, Monsieur, um caso investigado com toda a precaução e inteligência possível; e, como já avançamos tanto até aqui, devemos nos empenhar para chegar a seu fim. [...] Ontem à noite, em minha reunião de trabalho com o rei, apresentei um relatório completo a respeito dos desdobramentos do caso, pois não lhe havia falado mais do assunto desde a prisão do primeiro do grupo, que é professor nos jesuítas. Pareceu-me que o rei ficou muito satisfeito com a maneira como tudo foi conduzido, e ele quer que continuemos firmes até o final. Esta manhã, vou mostrar ao rei a carta que o senhor me mandou ontem, e continuarei a agir assim com tudo que o senhor me enviar sobre o assunto.[8]

Contente com as primeiras prisões, Luís XV assinou uma nova batelada de *lettres de cachet* para a polícia usar. D'Argenson relatava prontamente ao rei os avanços da investigação. Lia os ofícios que Berryer lhe enviava e chamou Berryer a Versailles para participar de uma conferência urgente antes do *lever* real (a cerimônia que dava início às atividades diárias do rei) no dia 20 de julho, pedindo-lhe uma cópia especial dos poemas, de modo que ele estivesse munido de provas em suas reuniões particulares com o rei.[9] Tamanho interesse, num nível tão elevado, era mais do que suficiente para incitar todo o aparato repressivo do Estado. Mas, de novo, como explicar tão grande preocupação?

A pergunta não pode ser respondida com base na documentação disponível nos arquivos da Bastilha. Refletir sobre o assunto significa defrontar-se com os limites da rede de comunicação esboçada antes. O diagrama das trocas ocorridas entre estudantes e abades em parte pode ser exato; no entanto, faltam nele dois elementos cruciais: o contato com a elite situada acima da burguesia profissional e o contato com o povo, abaixo dela. Esses dois pontos se revelam nitidamente num relato da época que mostra como os poemas políticos circulavam pela sociedade:

> Um cortesão pusilânime os adapta [os rumores infames] em dísticos rimados e, por meio de criados subalternos, os difunde em mercados e em barraquinhas na rua. Dos mercados, passam para artesãos, que, por sua vez, os reenviam aos nobres que os compuseram e que, sem perder um minuto, partem para o Oeil-de-Boeuf [um local de reuniões no Palácio de Versailles] e sussurram uns para os outros num tom de rematada hipocrisia: "O senhor já leu isto? Estão aqui. Estão circulando no meio do povo em Paris".[10]

Por mais tendenciosa que seja, essa descrição mostra como a corte podia introduzir mensagens num circuito de comunicação e também tirá-las de circulação. O fato de que funcionava em ambos os sentidos, codificando e decodificando, é confirmado por um comentário no diário do marquês D'Argenson, irmão do ministro. Em 27 de fevereiro de 1749, ele anotou que alguns cortesãos censuraram Berryer, o tenente-general da polícia, por não conseguir identificar a fonte dos poemas que difamavam o rei. Qual era o problema com ele?, perguntavam. Não conhecia Paris tão bem quanto seus predecessores? "Conheço Paris tão bem quanto é possível conhecer", respondeu Berryer, pelo que diziam. "Mas não conheço Versailles."[11] Outra indicação de que o poema teve origem na própria corte vem do diário de Charles Collé, poeta e dramaturgo da Ópera Cômica. Ele comentou muitos poemas que atacavam o rei e Mme. de Pompadour em 1749. A seus olhos de especialista, só um deles podia ser classificado como obra de "um autor profissional".[12] Os demais provinham da corte — ele sabia disso por causa da versificação precária.

> Recebi os poemas contra Mme. de Pompadour que andam circulando. Dos seis, só um é passável. Além do mais, por seu descuido e sua malícia, está claro que foram compostos por cortesãos. A mão do artista não deve ser percebida e, ademais, é preciso residir na corte para conhecer alguns detalhes peculiares que constam desses poemas.[13]

Em suma, boa parte dos poemas que circulavam por Paris tinha origem em Versailles. Sua procedência nobre pode explicar a exortação de D'Argenson para a polícia seguir cada vestígio, "por mais alto que ele nos leve", e também pode explicar o abandono da investigação, uma vez que ficou atolada em estudantes e membros inferiores do clero. Mas os cortesãos não raro faziam galhofa com poemas maliciosos. Agiram assim desde o século xv, quando o chiste e a intriga floresceram na Itália renascentista. Por que esse caso provocou uma reação tão fora do comum? Por que D'Argenson o tratou como um caso da mais alta relevância — que exigia conversas urgentes e secretas com o próprio rei? E por que importava que cortesãos, os quais, aliás, podem ter inventado a própria poesia, estivessem em condição de afirmar que os poemas eram recitados pelo povo em Paris?

5. Política da corte

Para buscar as origens dos poemas mais além dos Catorze, é preciso penetrar no mundo rococó da política de Versailles. Ele tem características de ópera cômica que desconcertam alguns historiadores sérios. Porém, os contemporâneos mais bem informados enxergavam o grande alcance das intrigas de salão e sabiam que uma vitória no boudoir podia resultar numa importante mudança no equilíbrio do poder. Segundo todos os diários e memórias da época, uma mudança dessa ordem ocorreu no dia 24 de abril de 1749, quando Luís XV demitiu e exilou o conde de Maurepas.[1]

Depois de servir no governo por 36 anos, muito mais tempo do que qualquer outro ministro, Maurepas parecia ter se instalado em caráter permanente no coração do sistema de poder. Era o símbolo do estilo cortesão de fazer política: tinha presença de espírito, conhecimento preciso de quem protegia quem, habilidade de interpretar o estado de ânimo de seu mestre real, capacidade para agir disfarçado sob um aspecto de alegria, um olho infalível para intrigas hostis e um ouvido perfeito para detectar o *bon ton*.[2] Um dos truques para a permanência de Maurepas no poder era a poesia. Ele colecionava canções e poemas, sobretudo de teor escabroso, sobre a vida da corte e os acontecimentos da época, que costumava dar de presente ao rei, acrescentando mexericos que filtrava dos relatórios fornecidos regularmente pelo tenente-general da polícia, que obtinha o material com suas equipes de espiões. Durante o exílio, Maurepas organizou essa coleção; e como ela sobreviveu em perfeitas condições, hoje podemos consultá-la na Bibliothèque Nationale de France como o "Chansonnier Maurepas": 42 volumes de poemas obscenos sobre a vida na corte de Luís XIV e Luís XV, suplementados por alguns textos exóticos da Idade Média.[3] Mas a paixão de Maurepas por poesia também foi sua ruína.

Todos os relatos da época sobre sua queda atribuem-na à mesma causa: nem disputas políticas, nem conflito ideológico, nem questões de nenhum tipo, mas sim poemas e canções. Maurepas teve de enfrentar problemas políticos, é claro — menos no reino da política (como ministro da Marinha, ele cumpria um trabalho insignificante de manter a frota flutuando, e como ministro da Casa Real e do departamento de Paris, ele entretinha o rei) do que no jogo de personalidades. Maurepas se dava bem com a rainha e com sua facção na corte, inclusive o delfim, mas não com as amantes reais, em especial com Mme. de Châteauroux, que diziam que ele havia envenenado, nem com a sucessora dela, Mme. de Pompadour. Esta se alinhou ao rival de Maurepas no governo, o conde D'Argenson, ministro da Guerra (que não deve ser confundido com seu irmão, o marquês D'Argenson, que, das margens do poder, o olhava com inveja depois que foi demitido do cargo de ministro do Exterior, em 1747). Quando a estrela de Pompadour subiu, Maurepas tentou obscurecê-la por meio de canções, que encomendava, sob pagamento, ou que ele mesmo compunha. Eram do tipo habitual: trocadilhos com o nome de solteira de Pompadour, Poisson [peixe], fonte de infinitas possibilidades para escarnecer de suas origens burguesas; comentários maliciosos sobre a cor de sua pele e seu peito chato; e protestos contra as quantias extravagantes despendidas para que ela se divertisse. Mas em março de 1749 tais poemas circulavam em tamanha profusão que pessoas mais próximas desconfiaram de alguma conspiração. Maurepas parecia estar tentando enfraquecer a influência de Pompadour sobre o rei, mostrando que ela era ultrajada publicamente e que o escárnio público estava respingando no trono. Caso se visse diante de provas suficientes, em versos, de seu aviltamento aos olhos dos súditos, Luís poderia descartá-la em favor de uma nova amante — ou, melhor ainda, de uma velha amante: Mme. de Mailly, que era de origem aristocrática, como convinha, e leal a Maurepas. Tratava-se de um jogo perigoso, e o tiro saiu pela culatra. Pompadour persuadiu o rei a demitir Maurepas e o rei ordenou a D'Argenson que enviasse a carta que o mandava para o exílio.[4]

Dois episódios se destacam nas versões contemporâneas desse acontecimento. Segundo uma delas, Maurepas cometeu um *faux pas* fatal depois de um jantar particular com o rei, Pompadour e a prima dela, Mme. d'Estrades. Foi um acontecimento íntimo nos *petits apartaments* de Versailles, o tipo de coisa que não devia ser comentada; mas no dia seguinte um poema composto em forma de canção, que se encaixava numa melodia popular, despertou ondas de risos, cada vez mais disseminadas:

> *Par vos façons nobles et franches,*
> *Iris, vous enchantez nos coeurs;*
> *Sur nos pas vous semez des fleurs,*
> *Mais ce sont des fleurs blanches.*

> Por tuas maneiras nobres e francas,
> Iris, tu encantas nossos corações;
> Em nossos passos, tu semeias flores,
> Mas são flores brancas.

Isso era um golpe baixo, mesmo para os padrões das lutas internas na corte. Durante o jantar, Pompadour havia distribuído um buquê de jacintos brancos para cada um dos três companheiros de mesa. O poeta aludia ao gesto num jogo de palavras que soava galante, mas na realidade era mordaz, porque a expressão "*fleurs blanches*" se referia a sinais de doença venérea presentes no fluxo menstrual (*flueurs*). Uma vez que Maurepas era o único dos quatro convivas no jantar que poderia ser suspeito de difundir mexericos a respeito do que acontecera, passou a ser responsabilizado pelo poema, a despeito do fato de tê-lo ou não escrito.[5]

O outro incidente ocorreu quando Mme. de Pompadour chamou Maurepas a fim de pressioná-lo a tomar medidas mais rigorosas contra as canções e os poemas. Conforme registrado no diário do marquês D'Argenson, a questão envolveu uma conversa especialmente torpe:

[MME. DE POMPADOUR:] "Não se deve dizer que mando recado aos ministros. Eu mesma me dirijo a eles." Depois: "Quando o senhor vai descobrir quem compôs as canções?".
[MAUREPAS:] "Quando eu descobrir, Madame, direi ao rei."
[MME. DE POMPADOUR:] "O senhor mostra pouco respeito, Monsieur, pelas amantes do rei."
[MAUREPAS:] "Sempre as respeitei, *qualquer que fosse a espécie a que pertenciam*."[6]

A despeito de tais episódios terem ou não se passado exatamente como descritos, parece claro que a queda de Maurepas, que resultou numa importante reconfiguração do sistema de poder em Versailles, foi provocada por poemas e canções. Contudo, o poema que mobilizou as ações da polícia durante o Caso dos Catorze circulou depois da queda de Maurepas: daí seu título, "O exílio do M. de Maurepas". Com Maurepas fora de cena, o ímpeto político por trás da ofensiva poética havia desaparecido. Por que as autoridades agiram de forma tão enérgica para reprimir esse poema e os outros que o acompanhavam, numa época em que a premência da repressão já havia passado?

Embora o texto de "O exílio do M. de Maurepas" tenha se perdido, seu primeiro verso — "Monstre dont la noire furie" — aparece nos relatórios policiais; e os relatórios sugerem que se tratava de um ataque feroz contra o rei e provavelmente também contra Pompadour. Era de esperar que o novo ministério dominado pelo conde D'Argenson, aliado de Pompadour, reprimisse com rigor tamanha *lèse-majesté*. Berryer, o tenente-general da polícia, também um protegido de Pompadour, estaria compreensivelmente ansioso para cumprir as ordens de D'Argenson com todo o rigor, agora que D'Argenson havia tomado o lugar de Maurepas na chefia do departamento de Paris. Porém, na provocação e na reação, havia mais do que os olhos podiam enxergar. Para os que faziam parte dos círculos íntimos de Versailles, a contínua difamação do rei e de Pompadour representava uma campanha levada a efeito por adeptos de Maurepas na corte a fim de limpar seu nome e talvez até abrir caminho para seu retorno ao poder, porque a incessante produção de canções e poemas depois de sua queda podia ser interpretada como uma prova de que, desde o início, não tinha sido ele o responsável.[7] É claro que a facção de D'Argenson podia retrucar que a obra do poetastro constituía uma trama da facção de Maurepas. E, ao tomar medidas enérgicas para sufocar os poemas, D'Argenson podia dar provas de sua competência numa área sensível em que Maurepas havia fracassado de maneira muito evidente.[8] Ao exortar a polícia a levar adiante as averiguações "por mais alto que ele [o fio de investigação] nos leve",[9] ele tinha em mente atribuir o crime a seus inimigos políticos. Com certeza, assim iria consolidar sua posição na corte durante um período em que os ministros estavam sendo redistribuídos e o poder, repentinamente, parecia instável. Segundo seu irmão, ele esperava até ser nomeado *principal ministre*, uma posição que ficara vaga depois da queda do duque de Bourbon, em 1726. Ao confiscar textos, prender suspeitos e cultivar o interesse do rei por todo aquele assunto, D'Argenson seguia uma estratégia coerente e saía na frente dos demais na briga generalizada para controlar o novo governo. O Caso dos Catorze foi mais do que uma operação policial; foi parte de uma luta pelo poder situada no coração de um sistema político.

6. Crime e castigo

Por mais dramática que fosse para os que frequentavam os círculos íntimos de Versailles, a luta pelo poder nada significava para os catorze jovens trancafiados na Bastilha. Eles não tinham a menor ideia das maquinações que se passavam acima de suas cabeças. De fato, eles mal pareciam compreender o próprio crime. Os parisienses sempre cantaram músicas desrespeitosas e recitaram poemas maledicentes, e o escárnio havia recrudescido em toda parte da cidade ao longo dos últimos meses. Por que os Catorze tinham sido pinçados na multidão geral e obrigados a sofrer uma punição exemplar?

A perplexidade se revela nas cartas que eles escreveram em suas celas, mas seus apelos por clemência esbarravam numa muralha de pedra. Depois de alguns meses de angústia na prisão, foram todos banidos para longe de Paris. A julgar pelas cartas que continuaram enviando para a polícia de vários fins de mundo nas províncias, suas vidas ficaram arruinadas, pelo menos a curto prazo. Sigorgne, banido para Rembercourt-aux-Pots, na Lorena, teve de abandonar a carreira acadêmica. Hallaire, nos confins de Lyon, abriu mão de seus estudos e de sua posição no negócio de seda de seu pai. Le Mercier mal conseguiu chegar a seu local de banimento, Bauge, em Anjou, porque sua saúde estava debilitada e, a exemplo de muitos viajantes sem dinheiro no século XVIII (Rousseau é o caso mais conhecido), teve de perfazer a viagem toda a pé. Ademais, como ele explicou em carta ao tenente-general, "vossa excelência sabe que tenho uma necessidade imprescindível de um par de culotes".[1] Bonis foi para Montignac-le-Comte, em Périgord, mas achou impossível ganhar a vida lá como professor, "porque é uma cidade afundada na ignorância, […] miséria e pobreza".[2] Ele convenceu a polícia a transferir seu banimento para a Bretanha, mas lá não se deu nem um pouco melhor:

> Não demorou muito e as pessoas descobriram que sou um criminoso, e assim me tornei um suspeito para todos. Para piorar ainda mais as coisas, os protetores que antes ficavam felizes de me ajudar agora me recusam qualquer auxílio. […] Minha condição de proscrito sempre foi um obstáculo insuperável para qualquer empreendimento — tão ruim, na verdade, que, tendo encontrado em minha província natal ou aqui duas ou três oportunidades para me vincular a jovens senhoritas de famílias respeitáveis que poderiam me trazer alguma fortuna, parece que o obstáculo foi apenas minha proscrição. Eles dizem a si mesmos e também a mim: aqui está um jovem que poderia subir na vida, pois é doutor, mas o que se pode esperar hoje em dia de um homem banido para Bretanha e que amanhã pode ser mandado para outro local qualquer a cem léguas daqui, por outra ordem? Ninguém pode se comprometer com tal homem; ele nada tem de estável, de consistente. É assim que as pessoas veem a situação […]. Cheguei a uma idade avançada [Bonis tinha 31 anos] e, se meu banimento durar muito tempo mais, serei forçado a abandonar minha profissão […]. É impossível, para mim, pagar meu quarto e minhas refeições […]. Encontro-me

num estado horrível e humilhante, à beira de me ver reduzido à completa penúria.³

Entre as numerosas consequências desastrosas da prisão na Bastilha, devemos incluir os prejuízos causados às perspectivas do condenado no mercado dos matrimônios.

No final, Bonis conseguiu uma esposa e Sigorgne, uma abadia. Mas a Bastilha produziu um efeito devastador nos Catorze, e provavelmente eles nunca chegaram a compreender o que estava envolvido em todo aquele "caso".

7. Uma dimensão ausente

Será que o Caso dos Catorze foi apenas uma questão de política da corte? Se for assim, não é necessário levá-lo a sério como expressão da opinião pública em Paris. Por outro lado, pode ser interpretado como um pouco mais do que mero "ruído", o tipo de estática produzido de tempos em tempos por elementos descontentes em qualquer sistema político. Ou talvez deva ser entendido como um retorno à literatura de protesto produzida durante a Fronda (a revolta contra o governo do cardeal Mazarino, entre 1648 e 1653) — em especial as *Mazarinades*, poemas escabrosos dirigidos contra Mazarino e seu regime. Embora contivessem protestos ferozes e até ideias de feição republicana, os poemas das *Mazarinades* são encarados hoje em dia por alguns historiadores como lances num jogo de poder restrito à elite. Na verdade, às vezes eles alegavam falar em nome do povo, empregando linguagem rude e popular no auge de um levante nas ruas de Paris. Mas tal linguagem pode ser reduzida a uma estratégia retórica, destinada a demonstrar um apoio geral aos oponentes de Mazarino. Nenhum dos combatentes na luta pelo poder — nem os parlamentos (cortes soberanas que muitas vezes barravam decretos reais), nem os príncipes, nem o cardeal Retz, nem o próprio Mazarino — conferia alguma autoridade efetiva ao povo. O populacho podia aplaudir ou vaiar, mas não participava do jogo, exceto como plateia. O papel lhe fora atribuído durante o Renascimento, quando a reputação — a proteção de um bom nome e uma *bella figura* — se tornou um ingrediente da política da corte e os atores aprenderam a apelar para os espectadores. Mostrar que a plebe injuriava o inimigo de alguém era um meio de derrotá-lo. Isso não prova que a política estava se abrindo para a participação do povo em geral.[1]

Há muito a dizer a respeito desse argumento. Ao enfatizar o elemento arcaico na política do Velho Regime, ele evita o anacronismo — a tendência de entender toda expressão de descontentamento como sinal da chegada da Revolução. Apresenta também a vantagem de relacionar textos com o contexto político mais amplo, em lugar de tratá-los como receptáculos autoevidentes de significado.

Devemos recordar, no entanto, que a Fronda abalou a Monarquia francesa até suas raízes numa época em que a Monarquia britânica era derrubada por uma revolução. Além do mais, as condições em 1749 diferiam muito das de 1648. Uma população mais numerosa e mais alfabetizada clamava para ser ouvida, e seus governantes a ouviam. O marquês D'Argenson, que era bem informado a respeito do comportamento do rei, pecebeu que Luís XV era muito sensível àquilo que os parisienses diziam a respeito dele, de seus ministros e de suas amantes. O rei monitorava com cuidado os parisienses em *dits* e *mauvais propos* (rumores e maledicências) por meio de relatórios constantes, enviados pelo tenente-general da polícia (Berryer) e pelo ministro do departamento de Paris — primeiro Maurepas e depois o irmão do marquês, o conde D'Argenson. Os relatórios continham sobretudo poemas e canções, alguns dos quais se destinavam ao entretenimento, porém boa parte era levada a sério. "Meu irmão [...] está se matando na tentativa de espionar Paris, o que é de enorme importância para o rei", confidenciou o marquês em seu diário em dezembro de 1749. "A questão é saber tudo o que as pessoas andam falando, tudo o que elas fazem."[2]

A suscetibilidade do rei em relação à opinião dos parisienses depositava muito poder nas mãos do ministro que afunilava a informação para si: daí a tentativa de Maurepas de solapar Pompadour e o conde D'Argenson, expondo Luís a uma cerrada barragem de poemas satíricos. No entanto, outros ministros empregavam a mesma estratégia, cada um para seus próprios fins. Em fevereiro de 1749, o marquês D'Argenson notou que as figuras de proa no governo — um "triunvirato" composto de seu irmão, Maurepas e Machault d'Arnouville, o controlador geral — usavam tais poemas para manipular o rei: "Por meio de todas essas canções e poemas satíricos, o triunvirato lhe mostra que ele está se desonrando, que seu povo escarnece dele e que os estrangeiros o menosprezam".[3] Mas essa estratégia significava que a política não podia se restringir a um jogo exclusivo da corte. Ela abria outra dimensão para as lutas pelo poder em Versailles: as relações do rei com o povo francês, a sanção de um público mais amplo, a percepção dos fatos fora do âmbito dos círculos internos e a influência de tais pontos de vista na condução dos assuntos de governo.

A impressão de Luís de que estava perdendo seu posto de "bem-amado" (*le bien-aimé*) nos sentimentos dos súditos afetava seu comportamento e sua política. Em 1749, ele havia parado de exercer o toque real para "curar" súditos que sofriam de escrofulose. Deixara de ir a Paris, exceto em circunstâncias imprescindíveis, como os *lits de justice*, destinados a impingir decretos impopulares ao Parlamento. E ele achava que os parisienses tinham deixado de amá-lo. "Dizem que o rei é consumido por remorsos", observou o marquês D'Argenson. "As canções e sátiras produziram esse importante resultado. Nelas, ele enxerga o ódio de seu povo e a mão de Deus em ação."[4] O elemento religioso nessa atitude se movia em ambas as direções. Em maio de 1749, correu em Paris o boato de que a mulher do príncipe herdeiro podia sofrer um aborto, porque o delfim, dominado por alguma força inconsciente, a golpeara com violência na barriga, com o próprio cotovelo, enquanto ambos dormiam na cama. "Se for verdade", preocupava-se D'Argenson, "o povo em geral vai apregoar que a ira celestial [castigou] a linhagem real por causa dos escândalos que o rei cometeu aos olhos do povo."[5] Quando o aborto de fato ocorreu, o marquês escreveu que aquilo "dilacera o coração de todos".[6]

O povo via a mão de Deus no sexo real, em especial na produção de um herdeiro para o trono e no comportamento do rei com as amantes. Nada havia de errado com o tipo adequado de *maîtresse en titre*; mas a série de amantes de Luís incluía três irmãs (quatro, segundo alguns relatos), as filhas do marquês de Nesle. Tal conduta expunha o rei a acusações de incesto, bem como de adultério. Quando Mme. de Châteauroux, a última das irmãs amantes, morreu subitamente, em 1744, os parisienses comentavam em voz baixa e em tom ameaçador que os crimes de Luís podiam atrair o castigo de Deus contra o reino inteiro. E quando o rei passou a se relacionar com Mme. de Pompadour em 1745, queixaram-se de que ele estava deixando o reino nu só para amontoar joias e castelos para uma plebeia torpe. Esses temas ressaltam em poemas e canções que chegaram ao rei, alguns violentos a ponto de defender o regicídio: "Surgiu um poema com 250 versos horríveis contra o rei. Começa com 'Despertai, ó sombras de Ravaillac'" (Ravaillac foi o assassino de Henrique IV). Ao ouvir o poema, o rei disse: "Entendo perfeitamente que devo morrer como o rei Henrique IV".[7]

Tal atitude pode ajudar a explicar a reação exagerada à tímida tentativa de assassinato cometida por Robert Damiens oito anos mais tarde. Ela sugere que o monarca, teoricamente absoluto em sua soberania, se sentia vulnerável à desaprovação de seus súditos e podia até forçar a política a conformar-se àquilo que ele percebia como a opinião pública. O marquês D'Argenson relatou que o governo havia cancelado alguns impostos secundários em fevereiro de 1749 a fim de recuperar uma parte da afeição pública: "Isso mostra que se está atento ao povo, que se tem medo dele, que se pretende conquistá-lo".[8]

Seria um erro dar peso demais a tais comentários. Apesar de conhecer muito bem o rei e a corte, D'Argenson pode ter registrado os próprios sentimentos em vez dos de Luís XV, e não chegou a ponto de dizer que a soberania estava escapando das mãos do rei para as do povo. Na verdade, suas observações respaldam duas propostas que na superfície parecem contraditórias: política transformada em intriga da corte, embora a corte não fosse um sistema de poder autônomo. Era suscetível à pressão externa. O povo francês podia se fazer ouvir no âmbito dos círculos mais restritos de Versailles. Um poema, portanto, podia funcionar ao mesmo tempo como elemento num jogo de poder dos cortesãos e como expressão de outro tipo de poder: a indefinida mas inegavelmente influente autoridade conhecida pelo nome de "voz pública".[9] O que essa voz dizia quando convertia política em poesia?

8. O contexto mais amplo

Antes de examinarmos o texto dos poemas, pode ser útil rever as circunstâncias que lhes deram ensejo e situá-los no contexto dos acontecimentos em curso.

O inverno de 1748-9 foi um inverno de descontentamento — tempos difíceis, impostos elevados e um sentimento de humilhação nacional na conclusão da malograda Guerra da Sucessão Austríaca (1740-8). Os assuntos estrangeiros estavam distantes das preocupações do povo, e a maior parte dos franceses provavelmente tocava seus negócios sem se importar em saber quem seria o sucessor no trono do Sagrado Império Romano. Mas os parisienses acompanhavam o andamento da guerra com fascínio. Os relatórios da polícia indicam que as conversas nos cafés e nos jardins públicos costumavam tratar de grandes acontecimentos: a captura e o abandono de Praga, a dramática vitória em Fontenoy, a série de batalhas e sítios do marechal de Saxe, que deixou a França com domínio sobre a Holanda austríaca.[1] Mediante um processo de simplificação e personificação, a guerra muitas vezes foi representada como uma luta épica entre cabeças coroadas: Luís xv da França; seu ocasional aliado, o garboso e jovem rei da Prússia, Frederico II; e seus inimigos comuns, Maria Theresa da Áustria (em geral chamada de rainha da Hungria) e George II da Inglaterra. A história militar teve um final feliz para a França: Luís saiu por cima. Mas, tendo vencido nas guerras (menos nas colônias), ele perdeu na paz. Abriu mão de tudo o que seus generais haviam ganhado ao acatar o Tratado de Aix-la-Chapelle, o qual restaurou a situação que vigorava antes do início das hostilidades. O tratado também determinava que os franceses expulsassem o jovem pretendente ao trono britânico, conhecido no mundo de língua inglesa como Bonnie Prince Charlie e na França como "Le prince Edouard" (versão afrancesada de Charles Edward Stuart).

"L'Affaire du prince Edouard", como era chamado em Paris, dramatizava a humilhação da paz de uma forma que podia ser captada por pessoas incapazes de acompanhar as complexidades da diplomacia do século XVIII. O príncipe Edouard havia conquistado o coração dos parisienses após o fracasso de sua tentativa, em 1745--6, de promover um levante na Escócia e recuperar o trono britânico. Acompanhado por um séquito de exilados jacobitas — todos, assim como ele mesmo, católicos, falantes da língua francesa e fervorosamente hostis aos governantes hanoverianos da Grã--Bretanha —, ele fazia uma belíssima figura em Paris: um rei sem coroa, herói de uma aventura militar espetacular, personificação romântica de uma causa perdida. Luís XIV havia tratado os Stuart como governantes legítimos da Grã-Bretanha quando estabeleceram sua corte na França, após a revolução de 1688. Obrigados pela Paz de Utrecht a reconhecer a sucessão protestante em 1713, os franceses, todavia, proporcionaram ao príncipe Edouard um local de exílio e depois deram respaldo à sua reivindicação do trono britânico, durante a Guerra da Sucessão Austríaca. Embora a Quarenta e Cinco (a revolta jacobita de 1745) fosse um desastre para a causa dos Stuart, deu ensejo a uma útil operação diversionista para os exércitos franceses durante sua campanha nos Países Baixos. Retirar o reconhecimento do príncipe e expulsá-lo do território francês, conforme exigido no Tratado de Aix-la-Chapelle, chocou os parisienses e lhes pareceu um fracasso completo de Luís em sua tentativa de defender a honra nacional.

A forma como a expulsão foi efetivada aumentou o estrago no prestígio do rei. Edouard havia denunciado em público a situação e, diziam, circulava por Paris munido de pistolas carregadas, determinado a resistir a qualquer tentativa de prendê-lo ou, caso enfrentasse uma força esmagadoramente superior, a cometer suicídio. A polícia temia que ele pudesse provocar um levante popular. Um enorme dossiê nos arquivos da Bastilha mostra que fizeram preparativos minuciosos para atacá-lo, antes que alguma multidão pudesse se reunir para protegê-lo. Um destacamento de soldados, com baionetas caladas, capturou o príncipe no momento em que ele estava prestes a entrar na ópera às cinco horas do dia 10 de dezembro de 1748. Agarraram seus braços, se apoderaram de suas armas, forçaram-no a entrar numa carruagem e o levaram embora rapidamente para as masmorras de Vincennes, por um caminho margeado por guardas perfilados. Após um breve tempo de confinamento, ele desapareceu cruzando a fronteira oriental. Os jornais foram proibidos de discutir o caso, mas durante meses as conversas em Paris ferveram com todos os detalhes daquele assunto, inclusive sósias de Edouard que eram vistos em toda parte da Europa e rumores de conspirações jacobitas em busca de vingança. Foi a grande notícia da época: um rapto, perpetrado no coração de Paris, com baionetas e (em certas versões) algemas. Cada detalhe afirmava o caráter despótico do golpe, e todas as versões do episódio transmitiam solidariedade à vítima, junto com o desprezo pelo vilão: Luís xv, o agente da pérfida Albion na desonra da França.[2]

Depois de ter impingido tal humilhação a seu povo, Luís os fez pagar por isso. Suportaram uma pesada carga de tributos, mas a maior parte de sua renda direta permanecia isenta de impostos, pelo menos em princípio. Durante as emergências nacionais, sobretudo nas guerras, o rei levantava dinheiro por meio de tributos especiais conhecidos pelo nome de *affaires extraordinaires*; mas em tempos de paz ele deveria viver com a renda de suas próprias propriedades e de impostos como a *taille* e a *capitation*, que eram sancionados pela tradição e coalhados de exceções, em especial para o clero e a nobreza. Luís XV tinha criado uma taxa "extraordinária", a *dixième*, a fim de financiar a Guerra da Sucessão Austríaca; e prometera revogá-la quatro meses depois de selar a paz. Em vez disso, converteu-a na *vingtième*, que ia durar vinte anos e seria muito mais rigorosa do que qualquer outro imposto precedente, porque se baseava numa nova forma de avaliar a propriedade fundiária, inclusive a da Igreja e a da nobreza.[3]

Os historiadores em geral tratam de forma favorável a *vingtième* e o controlador geral que a propôs, Machault d'Arnouville.[4] Ela teria, de um só golpe, destruído as mais importantes isenções das ordens privilegiadas e modernizado as finanças do Estado. Porém, os contemporâneos a viam sob uma luz diferente. Para eles, ou pelo menos para aqueles que registraram suas reações em diários, o imposto abria caminho para mais abusos do poder real. Um imposto extraordinário em tempo de paz! E um imposto que iria perdurar por tempo indeterminado, sem qualquer restrição institucional para refreá-lo! A única esperança estava nos parlamentos, que podiam resistir aos decretos reais recusando-se a registrá-los e apresentando objeções. Mesmo que o rei forçasse o registro por meio de um *lit de justice*, os parlamentos podiam protestar, obstruir a justiça e mobilizar o país atrás de si, denunciando o novo tributo como uma ameaça a todos e não apenas aos privilegiados, como eram os próprios membros dos parlamentos.

A causa dos parlamentos se misturou a outra causa popular que ora recrudescia, ora minguava, desde o final do século XVII: o jansenismo. Na origem uma controvérsia teológica acerca da natureza da graça, a questão se tornou um éthos grave, que mexia com os ânimos das classes profissionais e da nobreza de casaca (*la noblesse de robe*, aristocratas cujos títulos derivavam de postos no governo), nas quais os parlamentos recrutavam seus membros. Luís XIV persuadira o papa a condenar o jansenismo como forma de heresia na bula *Unigenitus*, e a resistência dos parlamentos à bula papal constituiu a questão principal em suas desavenças com a Coroa durante as décadas de 1730 e 1740. Em 1749, o arcebispo de Paris, Christophe de Beaumont, deu ordem ao clero para que recusasse os sacramentos a qualquer pessoa que não apresentasse um *billet de confession*, atestando que ela havia feito a confissão a um padre que acatava a bula *Unigenitus*. A controvérsia teve várias reviravoltas durante os anos seguintes, mas no final de 1749 já havia produzido uma série de mártires, jansenistas devotos que morreram sem o benefício dos sacramentos finais. O caso mais conhecido foi o de Charles Coffin, o pio ex-reitor da Universidade de Paris, que morreu em junho. Uma multidão de talvez 10 mil simpatizantes acompanhou o cortejo fúnebre pelas ruas da Margem Esquerda. Foi uma manifestação religiosa e também política, porque a Coroa havia apoiado a perseguição aos jansenistas. E provavelmente repercutiu no povo, que havia criado sua própria modalidade de jansenismo, uma mistura de religiosidade extática e curas por meio de milagres. Negar a absolvição final dos pecados a cristãos em seu leito de morte era, aos olhos de muitos, mandá-los direto para o Purgatório, uma violência imperdoável da autoridade real e eclesiástica.[5]

A despeito de poder ou não despachar seus súditos para o limbo dos mortos, Luís de fato mandou muitos deles para a Bastilha — adeptos do príncipe Edouard, contestadores da *vingtième*, *philosophes*, jansenistas e gente que simplesmente falava mal do regime. Na época do Caso dos Catorze, tantas pessoas tinham sido presas que se dizia que todas as celas estavam lotadas e o excedente teve de ser mandado para as masmorras de Vincennes. Os parisienses falavam de forma sombria a respeito das confissões obtidas pelo carrasco por trás das muralhas de pedras. Para alguns, a Monarquia havia degenerado em despotismo e instaurara uma nova Inquisição a fim de sufocar todo protesto:

> O descontentamento está aumentando em Paris por causa das contínuas prisões noturnas de pessoas espirituosas e de abades instruídos, suspeitos de escrever livros e canções e de difundir notícias maledicentes em cafés e em parques. Isso tem sido sempre denominado de "Inquisição francesa".[6]

É impossível saber em que medida esse ponto de vista era compartilhado, mas os arquivos da Bastilha sem dúvida mostram uma onda de prisões em 1749. Juntamente com um grande número de jansenistas, os detidos incluíam muitas pessoas que não tinham nenhum contato com os Catorze, mas subestimavam o governo da mesma maneira, por meio de *mauvais propos*. Aqui estão alguns exemplos extraídos de um registro em que a administração da Bastilha resumia cada caso:[7]

> BELLERIVE, J.-A.-B.: "Por discursar contra o rei, Mme. de Pompadour e os ministros".
> LECLERC, J.-L.: "Por haver falado mal do governo e dos ministros".
> LE BRET, A.: "Por maledicência contra o governo e os ministros".
> MELLIN DE SAINT-HILAIRE, F.-P.: "Por maledicência contra o governo e os ministros".
> LE BOULLEUR DE CHASSAN: "Por maledicência contra o governo".
> DUPRÉ DE RICHEMONT: "Fez retratos [verbais] ofensivos dos ministros e de outras pessoas de grande respeitabilidade".

PIDANSAT DE MAIROBERT, M.-F.: "Recitou em cafés poemas contra o rei e a marquesa de Pompadour".

Em alguns casos, os dossiês contêm relatos, feitos por espiões da polícia, sobre o que os homens presos supostamente falaram:[8]

LECLERC: "Fez o seguinte discurso no Café Procope: Que nunca houve um rei pior; que a corte, os ministros e a marquesa de Pompadour levaram o rei a fazer coisas indignas, que absolutamente revoltaram o povo".

LE BRET: "Falou mal de Mme. de Pompadour em vários locais; disse que ela virou a cabeça do rei sugerindo a ele mil coisas. Que prostituta, disse ele, fazendo um enorme alarde em torno dos poemas contra ela. Por acaso ela espera receber elogios, quando chafurda no crime?".

FLEUR DE MONTAGNE: "Faz comentários atrevidos; entre outras coisas, disse que o rei está c... para seu povo, pois sabe que estão na penúria, ao passo que ele gasta quantias enormes. Para que eles sintam isso ainda mais, sobrecarregou seus súditos com outro imposto, como que para agradecer-lhes pelos importantes serviços que lhe prestaram. Os franceses são loucos, acrescentou, se suportarem... ele sussurrou o resto com a boca encostada no ouvido".

FRANÇOIS PHILIPPE MERLET: "Acusado de ter dito, na quadra de tênis da viúva de Gosseaume, que [o marechal de] Richelieu e Pompadour estavam destruindo a reputação do rei e que seu povo não o tinha em grande conta, tendo em vista que o rei apenas tentava arruiná-los e que, ao impingir o imposto *vingtième*, ele podia trazer algum infortúnio a si mesmo".

Pidansat de Mairobert, autor de muitos *libelles* contra Luís XV, é mais conhecido que os outros *frondeurs* que detratavam o rei em cafés e praças públicas. Ele circulava por Paris com poemas enfiados nos bolsos e declamava os versos onde quer que conseguisse reunir alguma plateia. Seu repertório incluía pelo menos um dos poemas distribuídos pelos Catorze, embora ao que parece ele tão tivesse nenhum contato com o grupo.[9] O mesmo é verdade em relação a um funcionário do Châtelet, André d'Argent, sua esposa e um amigo de ambos, um advogado chamado Alexandre Joseph Rousselot. Da mesma forma, ele não tinha vínculos com os Catorze, mas distribuiu um dos mesmos poemas:

> Essas pessoas guardam em suas casas poemas contra o rei e os divulgam entre o público distribuindo cópias para todos. Na casa de uma dessas pessoas, encontrou-se um poema escrito com a letra de Rousselot e que começa com as palavras: "Qual é a triste sina dos desafortunados franceses".[10]

A polícia pode, de fato, ter capturado o autor de um dos poemas, Esprit-Jean-Baptiste Desforges. Ele também parecia agir fora do circuito que ligava os Catorze, embora compartilhasse ao menos uma parte do repertório deles. Segundo seu dossiê na Bastilha, Desforges havia composto uma das odes mais ferinas sobre o "Affaire du prince Edouard", "Peuple jadis si fier, aujourd'hui si servile". Leu o poema para alguns amigos dois dias depois de o príncipe ser preso. Mais tarde, um daqueles amigos o advertiu de que o poema poderia lhe causar problemas sérios, por isso ele resolveu queimá-lo. Mas quando o procurou nos bolsos, viu que tinha sumido. E quando soube que cópias do poema estavam circulando pelos bolsos de outras pessoas e que os versos eram lidos em cafés, ele resolveu sumir também. Outro amigo, Claude-Michel Le Roy de Fontigny, deixou escapar que conhecia o autor; assim que essa informação chegou ao conde D'Argenson, a polícia organizou uma investigação.

A essa altura, a história se misturou com uma trama que é

difícil deslindar, mas parece que Fontigny preparou uma conspiração: procurou a mãe de Desforges e propôs que ele e Desforges se apresentassem ao ministro com uma história forjada, que inocentaria Desforges e lançaria a culpa do poema sobre uma terceira pessoa e ainda lhes renderia uma recompensa em dinheiro. Depois de consultar o filho, que continuava escondido, Mme. Desforges rejeitou a proposta com indignação. Em seguida à demissão de Maurepas, Fontigny tentou ressuscitar a ideia, apenas para cair vítima de suas próprias maquinações. De algum modo, a trama chegou aos ouvidos de D'Argenson. Ele mandou Fontigny para a Bastilha e depois o baniu para a Martinica. Desforges foi capturado em 17 de agosto de 1749, confessou ter escrito o poema e passou os sete anos seguintes na prisão, três deles trancado numa gaiola de ferro em Mont-Saint-Michel.[11]

Personagens semelhantes aparecem nos arquivos mantidos pelo inspetor do comércio de livros, Joseph d'Hémery.[12] Eles também lidaram com alguns dos poemas que se infiltraram no circuito dos Catorze, embora pertencessem a outras redes. No final de 1751, os espiões de D'Hémery tinham identificado mais dois poetas que, pelo que diziam, tinham composto "Quel est le triste sort des malheureux Français": um certo Boursier, filho de um chapeleiro, que trabalhava como secretário do marquês de Paulmy, e um jacobita escocês afrancesado chamado Dromgold, "muito satírico", que dava aulas de retórica no Collège des Quatre Nations. Mas D'Hémery não conseguiu acumular provas suficientes para prendê-los e estava de olho em outros autores que mereciam uma vigilância mais atenta. Um deles, um escrevente chamado Mainneville, foi denunciado por um criado por ter escrito um poema contra o rei; mas, depois de passar por dificuldades financeiras, fugiu para a Prússia. Outro, um ex-jesuíta chamado Pelletier, parecia suspeito porque vinha distribuindo cópias de canções sediciosas desde agosto de 1749. Um terceiro, de nome

Vauger, era suspeito de compor versos contra o rei e de acumular um vasto arsenal de poesia de circunstância no quarto mobiliado que alugava de um peruqueiro na Rue Mazarine.

Em seguida havia uma dupla de *littérateurs* pouco confiáveis: François-Henri Turpin, um protegido do filósofo Claude Adrien Helvétius e especialista em poemas satíricos, que pelo que diziam teria afirmado conhecer o autor de um poema investigado pela polícia; e seu amigo íntimo, o abade Rossignol, que lecionava com Pierre Sigorgne no Collège du Plessis. A senhoria de Turpin contou à polícia que ouvira os dois lendo poemas suspeitos em latim, no quarto de Turpin. Na verdade, ela não sabia latim; mas conseguira entender "Pompadour" e "Luís" no fluxo de sons ininteligíveis e nos risos loucos que atingiram seus ouvidos quando ela aproximou a cabeça do buraco da fechadura.

Ao associar vários casos desse tipo, era possível pensar que a população inteira estava escrevendo, memorizando, recitando e cantando poemas sediciosos sobre o rei. Mas os arquivos da polícia são sabidamente pouco dignos de confiança quanto a fontes de informação sobre atitudes e padrões de comportamento. Eles fornecem um registro dos crimes comunicados, não da criminalidade real, e não raro revelam mais sobre as opiniões da polícia que sobre as do público. Por sua própria natureza, os documentos da Bastilha se referem a personagens que a polícia julga representar uma ameaça contra o Estado. Não mencionam a vasta maioria dos parisienses que tocavam suas vidas sem entrar em conflito com a lei e talvez sem sussurrar nada de hostil a respeito do rei. Mas os arquivos da polícia ajudam a pôr em perspectiva o Caso dos Catorze, porque mostram que ele pertencia a uma onda de repressão que veio após uma onda de *mauvais propos*, a qual deixou sua marca em outras fontes, tais como os diários do marquês D'Argenson e Edmond-Jean-François Barbier.

Encarados à luz de outros casos, as canções e os poemas

trocados entre os Catorze não parecem algo excepcional. Muitos outros parisienses foram presos por fazer o mesmo tipo de protesto, às vezes com os mesmos poemas. Todos eles participaram de uma maré de descontentamento, que cresceu através de diversos canais de comunicação em 1749. Os laços entre os Catorze formavam apenas um pequeno segmento de uma entidade maior — um enorme sistema de comunicação que se alastrava por toda parte, do palácio de Versailles até os quartos mobiliados para alugar a parisienses pobres. O que tal sistema comunicava? Neste ponto, devemos examinar os poemas em si.

9. Poesia e política

Aos olhos de nossa época, alguns dos poemas parecem estranhos. São odes — versos trabalhados à maneira clássica e com um tom elevado, como se tivessem sido feitos para a declamação no palco ou numa tribuna pública. Eles têm em mira um alvo e se dirigem direto a esse alvo — seja Luís XV, censurado por sua frivolidade; o príncipe Edouard, louvado por sua bravura abnegada; ou o povo francês, personificado como um corpo outrora orgulhoso e independente, e então decaído no servilismo. A indignação — raiva, a clássica *indignatio* romana — era a paixão propulsora nesses poemas. Embora denunciassem a injustiça generalizada, dificilmente se poderia dizer que tinham um toque comum. Ao contrário, apoiam-se nas convenções retóricas ensinadas à elite educada por meio dos clássicos. Na condição de estudantes, advogados e clérigos, a maioria dos Catorze se sentia à vontade com esse tipo de poesia, mas ela não ressoava muito além do Quartier Latin e por certo não ressoava em Versailles. Os cortesãos e os ministros pertenciam a um mundo diferente, que apreciava *bons mots* e epigramas. Daí o comentário do conde D'Argenson, quando escreveu de Versailles para Berryer acerca do primeiro poema investigado pela polícia: ele o desdenhou como "um texto infame que, para mim, assim como para o senhor, parece exalar um cheiro de pedantismo e de Quartier Latin".[1]

O texto desse poema, "Monstre dont la noire furie", desapareceu. Como foi explicado no capítulo 1, era uma ode que atacava o rei por haver demitido e banido Maurepas em 24 de abril de 1749. Nessa época, os outros cinco poemas descobertos pela polícia no curso de sua investigação estavam circulando por Paris havia meses. O segundo e o terceiro, "Quel est le triste sort des malheureux Français" e "Peuple jadis si fier, aujourd'hui si servile", foram publicados durante a explosão de indignação pelo aprisionamento do príncipe Edouard no dia 10 de dezembro de 1748. (Ambos constam no diagrama do capítulo 3 e estão reproduzidos integralmente, assim como os demais poemas, no apêndice deste volume.) Eles apresentam a maior parte dos detalhes dramáticos dos relatos sobre a prisão — o emprego da força bruta, com soldados e correntes — e são compostos com base no contraste entre os dois protagonistas: Edouard, mais galante na derrota e mais semelhante a um rei do que Luís, que ocupava o trono, mas, na verdade, era prisioneiro da pérfida amante e dos próprios apetites sórdidos. Os dois poemas transformavam a maneira desonrosa como Edouard foi tratado numa metáfora ampliada da desonra da França na Paz de Aix-la-Chapelle. "Peuple jadis si fier, aujourd'hui si servile" (poema 3) repassava as principais cláusulas do tratado, depois censurava Luís numa apóstrofe virulenta e terminava com uma saudação sentimental ao príncipe Edouard:

> *Tu triomphes, cher Prince, au milieu de tes fers;*
> *Sur toi, dans ce moment, tous les yeux sont ouverts.*
> *Un peuple généreux et juge du mérite,*
> *Va révoquer l'arrêt d'une race proscrite.*

> Tu triunfas, querido príncipe, em meio a tuas cadeias;
> Sobre ti, neste momento, todos os olhos estão cravados.
> Um povo generoso e capaz de julgar o mérito
> Vai revogar a prisão de uma raça [linhagem real] proscrita.

Em última análise, o poema era uma exortação ao povo francês: eles deviam renunciar a seu servilismo e repudiar o comportamento covarde de seu soberano.

"Quel est le triste sort des malheureux Français" (poema 2) aproveitava esse tema em outra parte. Depois de condenar Luís por traição e pela carência das qualidades de um rei, que Édouard personificava, dirigia-se a ele em tom desafiador, em nome do povo francês:

> *Louis! vos sujets de douleur abattus,*
> *Respectent Edouard captif et sans couronne:*
> *Il est Roi dans les fers, qu'êtes-vous sur le trône?*

> Luís! Vossos súditos prostrados pela dor
> Respeitam Edouard cativo e sem coroa:
> Ele é rei entre cadeias, e que sois vós, no trono?

A retórica erguia o povo como árbitro supremo em questões de legitimidade, mas nada havia de democrático nisso. Ao contrário, personificava relações internas como uma luta entre monarcas e evocava a figura mais popular no passado monarquista da França, Henrique IV, um ancestral de Edouard e também de Luís:

> *Mais trahir Edouard, lorsque l'on peut combattre!*
> *Immoler à Brunswick* [i.e., George II] *le sang de Henri IV!*

Mas trair Edouard, quando é possível combater!
Sacrificar a Brunswick [i.e., George II] o [parente de] sangue de Henrique IV!

Ao recriminar Pompadour bem como Luís, o poeta evocava outro tema predileto do folclore histórico, Agnès Sorel, a amante de Carlos VII, que dizem ter insuflado certa dose de heroísmo em seu ineficiente amante real, em outra época de humilhação nacional:

J'ai vu tomber le sceptre aux pieds de Pompadour!
Mais fut-il relevé par les mains de l'Amour?
Belle Agnès, tu n'es plus! Le fier Anglois nous dompte.
Tandis que Louis dort dans le sein de la honte,
Et d'une femme obscure indignement épris,
Il oublie en ses bras nos pleurs et nos mépris.
Belle Agnès, tu n'es plus! Ton altière tendresse
Dédaignerait un roi flétri par la faiblesse.

Vi cair o cetro aos pés de Pompadour!
Mas foi ele apanhado pelas mãos do Amor?
Bela Agnès, tu não existes mais! O fero inglês nos subjuga.
Enquanto Luís dorme no seio da vergonha,
E de uma mulher obscura indignamente enamorado,
Ele esquece em seus braços nossos prantos e nosso desprezo.
Bela Agnès, tu não existes mais! Tua ternura altaneira
Desdenharia um rei amesquinhado pela fraqueza.

A mensagem era clara: as amantes reais deviam ser nobres e inspirar os reis a realizar façanhas nobres; Pompadour era tão ignóbil em seu papel quanto Luís no dele. Porém, se o poeta falava em nome do povo francês, não adotava um tom popular. Apelava às emoções em outro registro: monarquista, não populista — *plus royaliste que le roi* [mais realista que o rei].

A imagística e a retórica a essa altura haviam perdido sua carga emotiva, mas seu intento era comover os leitores e os ouvintes do século XVIII que estavam em sintonia com a retórica e reagiam a metáforas melodramáticas, como:

> *Brunswick, te faut-il donc de si grandes victimes?*
> *O ciel, lance tes traits; terre ouvre tes abîmes!*

> Brunswick [George II], necessitavas tu de tão grandes vítimas?
> Ó, céu, lança teus raios; terra, abre teus abismos!

Cetros, tronos, coroas de louros e altares de sacrifício preenchiam o cenário simbólico, ao passo que o tom variava: às vezes indignado, outras vezes patético, mantinha-se no registro da eloquência clássica, a receita certa para acender as paixões dos franceses educados com poemas de Horácio e Juvenal. O modelo imediato podia ser *Les Tragiques*, de Agrippa Daubigné, uma acusação poética da Monarquia durante as guerras religiosas cujo propósito era despertar a indignação, e não apenas o prazer. O princípio da *indignatio* também animava outros modelos clássicos da poesia política — *Discours des misères de ce temps*, de Ronsard, por exemplo, e *Brittanicus*, de Racine. Tais poemas perfilavam versos alexandrinos e dísticos rimados em apóstrofes de oratória dirigidas a reis que haviam deixado a desejar em sua missão. O poeta intimava os poderosos a ser julgados e solenemente os sentenciava como indignos de sua função. No caso do "Affaire du prince Edouard", ele derramava escárnio sobre Versailles: "Tout est vil en ces lieux, Ministres et Maîtresse" (Tudo é vil neste local, ministros e amante). E denunciava de maneira explícita o conde D'Argenson, ministro da Guerra:

Mais toi, lâche Ministre, ignorant et pervers,
Tu trahis ta patrie et tu la déshonores.

Mas tu, fraco ministro, ignorante e perverso,
Tu trais tua pátria e a desonras.

Era poesia séria e pública, composta segundo modelos clássicos e impulsionada pela paixão da indignação moral.
    A mesma forma e a mesma estratégia retórica caracterizam o poema 6, outra ode, que começa com uma apóstrofe ao rei:

Lâche dissipateur des biens de tes sujets,
Toi qui comptes les jours par les maux que tu fais,
Esclave d'un ministre et d'une femme avare,
Louis, apprends le sort que le ciel te prépare.

Vil dissipador dos bens de teus súditos,
Tu que contas os dias pelos males que praticas,
Escravo de um ministro e de uma mulher avarenta,
Luís, atenta para o destino que o céu te prepara.

Aqui também o poeta denunciava Luís xv como se fosse Racine declamando contra Nero, mas os ataques eram ligeiramente distintos. Embora protestasse contra a humilhação da França em assuntos estrangeiros, concentrava-se em calamidades domésticas. Luís estava taxando seus súditos de forma opressiva. Ao levá-los à indigência, o rei os expusera a epidemias, despovoara a região rural, desolara as cidades — e para quê? Para satisfazer os apetites sórdidos de sua amante e de seus ministros:

Tes trésors sont ouverts à leurs folles dépenses;
Ils pillent tes sujets, épuisent tes finances,

Moins pour renouveler tes ennuyeux plaisirs
Que pour mieux assouvir leurs infâmes désirs.
Ton État aux abois, Louis, est ton ouvrage;
Mais crains de voir bientôt sur toi fondre l'orage.

Teus tesouros estão abertos a loucas despesas deles;
Eles pilham teus súditos, exaurem tuas finanças,
Menos para renovar teus prazeres maçantes
Do que para melhor satisfazer os desejos infames deles.
A ruína de teu Estado, Luís, é obra tua;
Mas cuidado para que em breve a tempestade não desabe sobre ti.

Qual era a ameaça que pairava sobre o rei? A execração de seu povo e o castigo de Deus. O poema até sugeria que os franceses se levantariam numa revolta, em desespero por causa da espoliação do pouco que possuíam. No entanto, não profetizava uma revolução. Em vez disso, retratava um reino que iria terminar em ignomínia; os parisienses esmagariam a estátua que estava sendo erguida em homenagem ao rei na nova Place de Louis XV (hoje, Place de la Concorde), e Luís ia descer aos infernos.

O poema 5, "Sans crime on peut trahir sa foi", faz soar uma nota em tudo diferente. Adotou a forma de um codicilo burlesco a um decreto do Parlamento de Toulouse, o qual, a exemplo de outros parlamentos, havia capitulado perante a Coroa na luta em torno da *vingtième*. O poema era breve e cortante:

Apostille du parlement de Toulouse à l'enregistrement de l'édit du vingtième
Sans crime on peut trahir sa foi,
Chasser son ami de chez soi,
Du prochain corrompre la femme,
Piller, voler n'est plus infâme.

Jouir à la fois des trois soeurs
N'est plus contre les bonnes moeurs.
De faire ces métamorphoses
Nos ayeux n'avaient pas l'esprit;
Et nous attendons un édit
Qui permette toutes ces choses.

SIGNÉ: DE MONTALU, PREMIER PRÉSIDENT

Apostila do Parlamento de Toulouse para o registro do decreto da vingtième
Sem cometer um crime se pode trair sua fé,
Rechaçar seu amigo,
Corromper a mulher do próximo,
Pilhar, roubar não é mais infame.
Desfrutar ao mesmo tempo as três irmãs
Não é mais contra os bons costumes.
Para fazer tais metamorfoses
Nossos antepassados não tinham a malícia;
E aguardamos um decreto
Que permita todas essas coisas.

ASSINADO: DE MONTALU, PRIMEIRO PRESIDENTE

Aqui o poema condena a *vingtième* sem mencionar o imposto, exceto no título. Adota o argumento dominante de seus oponentes: ao converter um imposto "extraordinário" dos tempo de guerra em um tributo quase permanente sobre a renda, o rei estava simplesmente saqueando a propriedade de seus súditos. Mas o argumento permanece implícito. Depois de registrar o decreto do imposto, o Parlamento acrescenta, a título de adendo, um endosso geral a todas as demais ações imorais do rei. Portanto, o poema põe a questão do imposto no mesmo plano dos demais "casos" que ofendiam o sentimento de moralidade do público: a traição e

Apostille du parlement de
Toulouse à l'enregistrement
de l'édit du vingtième.

Sans crime oser trahir sa foi,
Chasser son ami de chez soi ;
Du prochain corrompre la femme,
Piller, voler n'est plus infâme :
Jouir à la fois des trois sœurs.
N'est plus contre les bonnes mœurs
D'a faire. Ces métamorphoses
Nos ayeux n'avoient pas l'esprit ;
Et nous attendons un édit
Qui permette toutes ces choses.

Signé de Montalu 1er président

Poema de circunstância em protesto contra o imposto chamado *vingtième* e contra a imoralidade de Luís XV, rabiscado num pedaço de papel.

o rapto de Edouard; a apropriação da esposa de um plebeu, Le Normant d'Étioles, como amante real (mais tarde transformada em marquesa de Pompadour); e os casos amorosos do rei com as três filhas do marquês de Nesle, o que era visto como um adultério agravado pelo incesto. Era uma mensagem simples em rimas simples — *vers de circonstance* que exprimiam a repulsa pública à debilidade da resistência dos parlamentos contra a taxação tirânica.

10. Canção

O poema final do Caso dos Catorze, "Qu'une bâtarde de catin" (poema 4), era o mais simples de todos e alcançou o maior público. A exemplo de muitos poemas de circunstância dessa época, foi escrito para ser cantado com a melodia de uma canção popular, em certas versões identificada pelo refrão "Ah! le voilà, ah! le voici" (Ah! aí está, ah! cá está).[1] O refrão, um dístico contagiante, completava estrofes formadas por versos de oito sílabas com rimas alternadas. A versificação se conformava com o padrão mais comum da balada francesa: a-b-a-b-c-c; e se prestava a uma expansão sem fim, porque os versos novos podiam facilmente ser improvisados e acrescentados aos antigos. Cada verso atacava uma figura pública, enquanto o refrão deslocava o insulto para o rei, que se ressaltava como o alvo de uma piada ou como o bobo de uma brincadeira infantil, na qual os súditos dançavam à sua volta, cantando em tom de zombaria: "Ah! le voilà, ah! le voici/ Celui qui n'en a nul souci" (Ah! aí está, ah! cá está/ Aquele que não se importa com nada) — como se ele fosse comparável ao queijo no verso "O queijo fica sozinho", da canção infantil "The Farmer in the

Dell" [O fazendeiro no pequeno vale]. Quer a canção evocasse ou não essa brincadeira infantil para o público na França do século XVIII, seu refrão fazia Luís parecer um imbecil ineficiente, que se entregava ao prazer enquanto seus ministros espoliavam seus súditos e o reino ia para o inferno. Grupos de parisienses muitas vezes cantavam juntos os refrões de *pont-neufs* — canções de circunstância esbravejadas por cantores de rua e por mascates em locais públicos de reunião, como a própria Pont Neuf.[2] Parece provável que "Qu'une bâtarde de catin" tenha animado coros de escárnio que ecoaram por Paris em 1749.

A zombaria começava com o próprio Luís e Pompadour:

Qu'une bâtarde de catin
A la cour se voie avancée,
Que dans l'amour et dans le vin
Louis cherche une gloire aisée,
Ah, le voilà, ah! le voici
Celui qui n'en a nul souci.

Que uma meretriz bastarda
Ganhe posições na corte,
Que no amor e no vinho
Luís procure uma glória fácil,
Ah! aí está, ah! cá está
Aquele que não se importa com nada.

Em seguida a sátira prosseguia hierarquia abaixo — para a rainha (representada como uma fanática religiosa abandonada pelo rei), o delfim (que se destacava pela burrice e pela obesidade), o irmão de Pompadour (ridículo em sua tentativa de se fazer passar por um grande senhor), o marechal de Saxe (um autoproclamado Alexandre, o Grande, que conquistava fortalezas que se rendiam sem combate), o chanceler (senil demais para ministrar a justiça), os outros ministros (impotentes ou incompetentes) e cortesãos variados (cada um mais burro ou dissoluto que o outro).

À medida que a canção percorria seu circuito, os parisienses modificavam versos antigos e acrescentavam novos. Esse tipo de improvisação proporcionava um entretenimento popular em tavernas, bulevares e desembarcadouros, onde multidões se reuniam em torno de trovadores que tocavam rabeca ou realejo. A versificação era tão simples que qualquer um podia encaixar um novo par de rimas à antiga melodia e transmiti-la a outras pessoas, cantando-a ou escrevendo-a. Embora a canção original possa ter vindo da corte, foi se tornando cada vez mais popular e cobria um espectro cada vez mais amplo das questões contemporâneas, à proporção que incorporava novos versos. As cópias de 1747 contêm pouco mais que zombaria de figuras proeminentes em Versailles, conforme indicado no título citado em alguns relatórios da polícia, "Echos de la cour".[3] Mas em 1749 as estrofes enxertadas nos versos originais cobriam todos os tipos de acontecimentos da época — as negociações de paz em Aix-la-Chapelle, a resistência ineficaz à *vingtième* pelo Parlamento de Paris, a impopular administração da polícia por Berryer, as mais recentes brigas de Voltaire, o triunfo de seu rival, Prosper Jolyot de Crébillon, na Comédie Française, e a traição da esposa do coletor de impostos La Popelinière com o marechal de Richelieu, que havia instalado uma plataforma rotatória embaixo da lareira do quarto de dormir de Mme. La Popelinière para que ele pudesse entrar por meio de uma porta giratória secreta.

O processo de difusão deixava sua marca nos próprios textos. Duas cópias de "Qu'une bâtarde de catin" sobreviveram em seu estado original — ou seja, pedaços de papel que eram levados nos bolsos para que os poemas pudessem ser declamados em cafés ou barganhados por outros poemas no Jardin des Tuilleries.

A primeira cópia foi confiscada pela polícia quando revistaram Pidansat de Mairobert na Bastilha, depois de prendê-lo por declamar poesia contra o rei e contra Mme. de Pompadour em cafés. Com o poema, apreenderam também um pedaço de papel semelhante, com dois poemas de um ciclo de canções conhecido como *Poissonades*, porque a letra continha intermináveis trocadilhos com o nome de solteira, de aspecto vulgar, de Pompadour, Poisson (peixe).

Mairobert não tinha contato com os Catorze, mas foi preso na mesma época e levava consigo a mesma canção, uma versão de "Qu'une bâtarde de catin" em 23 estrofes rabiscadas num pequeno pedaço de papel. Mairobert tinha escrito apenas as estrofes mais recentes, indicando as demais com algumas poucas palavras de seus primeiros versos — por exemplo, "Qu'une bâtarde etc.". Ele também tinha consigo uma cópia de uma versão mais antiga, com onze estrofes completas, em seu quarto no terceiro andar de uma lavanderia. Quando a polícia revistou o quarto, foram encontrados 68 poemas e canções, alguns com letras inocentes, outros, sátiras de figuras públicas e de fatos do momento.[4]

A polícia já estava de olho em Mairobert havia algum tempo, porque ele era famoso por difundir informações hostis sobre o governo. Os espiões da polícia o classificavam como um escritor obscuro e um agitador de café:

> Sieur Mairobert tinha consigo alguns poemas contra o rei e contra Mme. de Pompadour. Quando lhe apontei os riscos que o autor de tais poemas estava correndo, ele retrucou que não corria risco nenhum, que podia difundi-los simplesmente introduzindo os textos de forma sorrateira no bolso de alguma pessoa num café ou num teatro ou então deixando cópias jogadas em calçadas. Se a pessoa lhe pedisse, ele a deixaria fazer uma cópia do dito poema sobre a *vingtième*. Ele parece bastante à vontade a respeito disso, e tenho

motivos para crer que ele distribuiu alguns [...]. Mairobert não me parece um homem de nenhuma importância [...] mas é uma figura tão familiar em locais públicos que o exemplo [de sua prisão] seria conhecido. Achei que eu devia apresentar este relatório de pronto, pois vi Mairobert colocar o poema sobre a *vingtième* no bolso esquerdo de seu casaco e [ao confiscá-lo] sua detenção teria respaldo em provas e seria justificada.[5]

Quando falou sobre a [desmobilização das divisões do Exército depois da paz], ele disse que qualquer soldado afetado por isso devia mandar a corte se f..., pois o único prazer da corte consiste em devorar o povo e praticar injustiças. Foi o ministro da Guerra que apresentou esse projeto maravilhoso, tão digno dele. O povo quer que ele vá para o inferno.

Esse Mairobert tem uma das línguas mais ferinas de Paris. Anda com poetas, se diz poeta e diz também ter escrito uma peça de teatro que ainda não foi encenada.[6]

Mairobert era um funcionário de baixo escalão no Ministério da Marinha e frequentador dos *nouvellistes* que se reuniam em redor de Mme. M.-A. Legendre Doublet, um grupo ligado à facção jansenista, e distribuía os mesmos poemas que eles, rabiscados em pedaços de papel semelhantes. Enquanto eles recitavam "Qu'une bâtarde de catin" em salas de aula e refeitórios, Mairobert difundia o poema em cafés e jardins públicos. Podemos imaginá-lo abordando alguém no Procope, seu café predileto, puxando uma cópia da canção do bolso do colete e declamando os versos — ou encaixando versos novos no texto antigo, além de canções recentes, obtidas com seus contatos no jardim do Palais-Royal.

A outra cópia original de "Qu'une bâtarde de catin" pertencia a um circuito de informação diverso, descoberto pela polícia durante a investigação dos Catorze. Estava rabiscada em dois pedaços de papel rasgados que a polícia arrancou dos bolsos do abade

Dois poemas de uma Poissonade rabiscados num pedaço de papel por Pidansat de Mairobert e apreendidos pela polícia quando ele foi preso, em 2 de junho de 1749. Era cantada na melodia de "Les Trembleurs"; ver "Um cabaré eletrônico", no apêndice deste volume.

Guyard, um dos Catorze, durante seu interrogatório na Bastilha. Ele disse que havia obtido os textos com o abade Le Mercier e que possuía outra cópia, que lhe fora dada pelo abade de Baussancourt, em seu quarto. Um relatório da polícia indicava que Baussancourt recebera seu texto de um certo "Sieur Menjot, filho do *maître des comptes*",[7] mas a polícia não conseguiu levar a investigação adiante. A cópia que Guyard levava consigo tinha uma procedência típica do Quartier Latin. Quando Le Mercier foi preso e interrogado, disse que havia escrito o texto, acrescentando algumas anotações e observações críticas, durante um dos intercâmbios poéticos que parecem ter sido comuns entre os estudantes de Paris:

> Declarou [...] que num dia do inverno passado o interrogado, que estava no seminário de St. Nicolas du Chardonnet, ouviu Sieur Théret, que na ocasião estava no mesmo seminário, recitar versos de uma canção contra a corte que começava com estas palavras: "Qu'une bâtarde de catin"; que o interrogado pediu a mencionada canção para o citado Sieur Théret, o qual lhe deu a canção. O interrogado escreveu algumas anotações nela e até anotou na cópia que ele fez e mais tarde deu para o Sieur Guyard que o poema sobre o chanceler não tinha sua aprovação, pois a palavra "décrépit" [decrépito] não rimava com "fils" [filho]. O interrogado acrescentou que, no mesmo pedaço de papel com a dita canção dada para ele pelo citado Sieur Théret, havia dois poemas sobre o Pretendente, um que começava com estas palavras: "Quel est le triste sort des malheureux Français" e o outro com estas: "Peuple jadis si fier". O interrogado copiou os dois poemas e mais tarde os rasgou sem tê-los transmitido a ninguém.[8]

Os dois pedaços de papel nos arquivos coincidem com essa descrição. Um, de oito por onze centímetros, contém oito versos da canção. O outro, de oito por 22 centímetros, rasgado ao meio na vertical, contém apenas três versos e algumas anotações, parte das quais foi rasgada. Supostamente os outros dois poemas, "Quel est le triste sort des malheureux Français" e "Peuple jadis si fier aujourd'hui si servile", foram escritos na parte da página que Guyard rasgou. As anotações identificam os personagens satirizados na canção, inclusive o chanceler D'Aguesseau, cujos versos em outras versões aparecem da seguinte forma:

> *Que le chancelier décrépit*
> *Lâche la main à la justice*
> *Que dans sa race il ait un fils*
> *Qui vende même la justice*
> *Ah! le voilà, ah! le voici*
> *Celui qui n'en a nul souci.*[9]

> Que o chanceler decrépito
> Pare de ministrar justiça
> Que em sua linhagem tem um filho
> Que até põe a justiça à venda
> Ah! aí está, ah! cá está
> Aquele que não se importa com nada.

A seção relevante do pedaço de papel rasgado mostra que Le Mercier de fato fez objeções à rima e também se solidarizava com o chanceler, Henri-François d'Aguesseau, que na ocasião tinha 81 anos de idade e desfrutava uma reputação de integridade:

Omiti um verso no D'Aguesseau,	[a parte que falta do papel
tanto porque o [público]	vem aqui]
gosta dele, como [porque] aquelas	
[*ilegível*] femininas são imprestáveis	

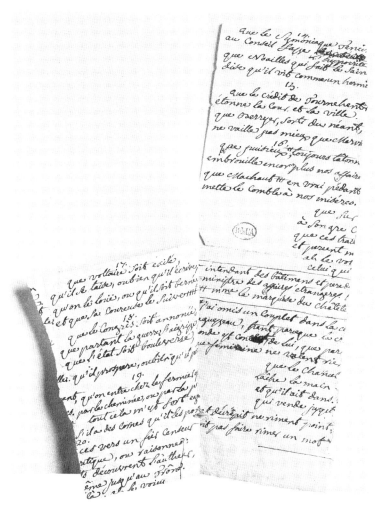

Versos de "Qu'une bâtarde de catin" tirados do bolso do abade Guyard quando a polícia o revistou na Bastilha.

Essa prova, com toda a concretude, aponta para três conclusões. (1) Aqueles que receberam a canção não reagiam de forma passiva, mesmo quando a copiavam. Acrescentavam anotações e modificavam o texto conforme suas preferências pessoais. (2) As versões manuscritas dos textos às vezes continham alguns poemas que pertenciam a gêneros distintos — nesse caso, duas odes de tipo clássico e uma balada de circunstância. Quando as pessoas que recebiam os textos combinavam gêneros diferentes em mensagens individuais, os ataques contra o rei e a corte podiam suscitar um largo espectro de reações entre os ouvintes e leitores — tudo, desde a indignação moral até o riso e o escárnio. (3) Havia diversas modalidades de difusão. Le Mercier identificava o texto de "Qu'une bâtarde de catin" apenas como uma "canção" e afirmou ter ouvido o poema "recitado" por Théret, querendo dizer supostamente que podia ter sido declamado de memória, lido em voz alta a partir de uma cópia manuscrita ou cantado.

A memorização por certo desempenhava um papel importante nesse processo. No caso das duas odes, a polícia registrou que Sigorgne as havia ditado para dois estudantes "de memória"[10] e que, depois de anotar o *dictée*, um dos estudantes, Guyard, também memorizou os versos: "Ele afirmou que não guardou consigo nenhuma cópia desses versos e apenas os aprendeu de cor".[11] A polícia também observou que uma terceira ode foi memorizada num ponto diferente do circuito de transmissão por dois outros estudantes, Du Terraux e Varmont: "[Du Terraux] declarou que ele havia recitado de memória o poema 'Lâche dissipateur des biens de tes sujets' para Varmont *fils* e que Varmont era capaz de guardá-lo de memória".[12] Em suma, a atividade mental envolvida no processo de comunicação era complexa — uma questão de apropriação interna, fossem as mensagens recebidas pelos ouvidos ou pelos olhos.

A comunicação oral quase sempre escapou da análise histórica, mas nesse caso a documentação é rica o bastante para que se possa colher seus ecos. No século XVIII, os parisienses às vezes guardavam os pedaços de papel em que as canções eram escritas, enquanto eram ditadas ou cantadas. Tais pedaços de papel eram então transcritos, ao lado de outros textos de caráter efêmero — epigramas, *énigmes* (charadas), *pièces de circonstance* —, em diários ou cadernos de anotações. Diários formados sobretudo de canções eram conhecidos pelo nome de *chansonniers*, embora os colecionadores às vezes lhes dessem títulos mais exóticos, como "Obras diabólicas para servir à história deste tempo".[13] Depois de percorrer diversos *chansonniers* em vários arquivos, localizei seis versões de "Qu'une bâtarde de catin", além das duas cópias confiscadas de Mairobert e Guyard. Elas variam consideravelmente, porque a canção não parava de se modificar à medida que era transmitida de um para outro e à proporção que os acontecimentos da época forneciam material novo para versos adicionais.

As mudanças podem ser acompanhadas em "Textos de 'Qu'une bâtarde de catin'" (no apêndice deste volume), que contém sete versões do poema que escarnece do marechal de Belle-Isle por ficar à toa com seu exército no sul da França, enquanto as tropas da Áustria e da Sardenha (referidas como "húngaras") saqueavam uma vasta região da Provença, nas semanas entre novembro de 1746 e fevereiro de 1747. O exército invasor se retirou pelo Var antes que Belle-Isle pudesse travar batalha, de modo que versões posteriores do poema zombam de seu fracassado intento de conquistar uma vitória. Aqui estão três exemplos:

Cópia de Guyard:
Que notre moulin à projets   Que nosso planejador de
   [moinhos de vento

Ait vu dans sa molle indolence	Tenha visto em sua frouxa [indolência
A la honte du nom français	Para vergonha do nome francês
Le Hongrois ravager la Provence…	O húngaro devastar a Provença…

Cópia de Mairobert:
Que notre héros à projets	Que nosso planejador heroico
Ait vu dans sa lâche indolence	Tenha visto em sua vil indolência
A la honte du nom français	Para vergonha do nome francês
Le Hongrois piller la Provence…	O húngaro pilhar a Provença…

Bibliothèque Historique de Paris, ms. 648:
Que notre moulin à projets	Que nosso planejador de [moinhos de vento
Ait vu dans sa molle indolence	Tenha visto em sua frouxa [indolência
A la honte du nom français	Para vergonha do nome francês
Les Hongrois quitter la Provence…	O húngaro deixar a Provença…

Por mais leves que sejam — talvez até por causa dessa leveza —, as alterações sugerem a maneira como o texto se desenvolvia, enquanto preservava seu caráter principal, ao longo do processo da transmissão oral. É claro, o poema era também anotado, de modo que as modificações podem ter ocorrido no ato de transcrição. Seria absurdo afirmar que as diferentes versões da mesma canção fornecem um meio para o historiador ter acesso a uma tradição oral pura. A pureza não pode ser encontrada nem mesmo entre os contos orais registrados em gravadores por antropólogos ou folcloristas,[14] e ela não existia de forma nenhuma nas ruas de Paris, onde impurezas de muitas fontes se infiltravam em massa nas canções populares. Na ocasião em que "Qu'une bâtarde de catin" chegou aos Catorze, o poema continha um pouco de tudo que estava no noticiário da época. Havia se transformado num jornal cantado, cheio de comentários sobre fatos do momento e atraente o bastante para cativar a atenção de um público numeroso. Além disso, ouvintes e cantores podiam adaptá-lo a seu gosto. A canção de circunstância era um veículo maleável, que podia assimilar as preferências de grupos variados e expandir-se a fim de incluir tudo o que interessava ao público como um todo.

11. Música

Os *chansonniers* deixam claro que os parisienses improvisavam palavras novas em melodias antigas todos os dias e com todos os assuntos possíveis — a vida amorosa das atrizes, a execução de criminosos, o nascimento ou a morte de membros da família real, batalhas em tempos de guerra, impostos em tempos de paz, processos judiciais, falências, acidentes, peças, óperas cômicas, festivais e toda sorte de ocorrências que se encaixam na vasta categoria francesa dos *faits divers* (fatos variados). Um poema espirituoso com uma melodia contagiante se espalhava pelas ruas com força irresistível e, frequentemente, poemas novos se seguiam a ele, levados de um bairro para outro como rajadas de vento. Numa sociedade semianalfabeta, canções funcionavam, até certo ponto, como jornais. Forneciam uma crônica sobre os fatos do momento.

Mas como eram essas melodias? Os *chansonniers* em geral contêm as letras de uma canção, mas não suas notas musicais, embora quase sempre registrem que são "*sul'air de*" (na melodia de) e depois citem o título ou o primeiro verso da música tradicional para a qual foi escrita.[1] Felizmente, o Département de La Musique da Bibliothèque Nationale de France dispõe de muitas "chaves" contemporâneas, nas quais é possível procurar um título e encontrar a partitura da música. Ao usar as chaves para ter acesso às melodias por trás das letras, é possível reconstruir em forma de áudio o repertório de canções que circulavam na França na época do Caso dos Catorze. Hélène Delavault, cantora de ópera e artista de cabaré, gentilmente aceitou gravar uma coletânea dessas canções, que pode ser ouvida pela internet no site <www.hup.harvard.edu/features/darpoe>. Ao ouvir as canções enquanto lê as letras (ver "Um cabaré eletrônico", no apêndice deste volume), o leitor pode ter uma ideia do que chegava aos ouvidos dos espectadores há mais de 250 anos. É possível, ainda que apenas de forma aproximada, fazer a história cantar.

Como a música influenciava o significado das palavras? Essa pergunta não pode ser respondida de forma definitiva, mas pode ser reduzida a proporções mais controláveis se considerarmos a maneira como as melodias servem de recursos mnemônicos. Palavras associadas a uma melodia se fixam na memória e são fáceis de comunicar a outras pessoas quando cantadas. Ao ouvir as mesmas melodias várias vezes seguidas, todos nós acumulamos um estoque comum de músicas, que transportamos na cabeça. Quando uma letra nova é cantada numa melodia já familiar, as palavras transmitem associações que foram agregadas a versões anteriores da canção. Portanto, canções podem, por assim dizer, funcionar como um palimpsesto auditivo.

Se me permitirem dar um exemplo pessoal desse processo, posso atestar que minha própria cabeça está carregada de músicas de anúncios que foram cantadas no rádio na década de 1940. Por mais que eu tente, não consigo me desvencilhar delas. Uma, que deve ser familiar a todos de minha geração, levava a seguinte mensagem:

> *Pepsi-Cola hits the spot.*
> *Twelve full ounces, that's a lot.*
> *Twice as much, and better, too.*
> *Pepsi-Cola is the drink for you.* *

Um dia, durante as férias, provavelmente quando eu estava na terceira ou quarta série, um de meus colegas de brincadeiras — um *esprit fort* precoce, ou apenas um engraçadinho — cantou a seguinte variação da música da Pepsi-Cola:

> *Christianity hits the spot.*
> *Twelve apostles, that's a lot.*
> *Holy Ghost and a Virgin, too.*
> *Christianity's the thing for you.* **

Foi minha primeira exposição à irreligião. Embora eu creia que tenha ficado chocado, não lembro como recebi aquilo. Só sei que não consigo tirar a música da cabeça, que ela fica conservada em salmoura com outras músicas na minha memória. A maior parte das pessoas provavelmente tem experiências semelhantes. Um amigo inglês me falou sobre uma cançãozinha a respeito de Edward VIII que se espalhou por toda a Londres em 1936, numa época em que os jornais não publicariam nada sobre o caso de amor do rei com a srta. Wallis Simpson: "Hark the herald angels sing/ Mrs. Simpson's pinched our king".***

Será que a mensagem sobre a incompatibilidade do casal

---

* Pepsi-Cola acerta em cheio./ Vinte onças bem medidas, isso é um bocado./ Duas vezes mais, e também melhor./ Pepsi-Cola é a bebida para você. (N. T.)
** O cristianismo acerta em cheio./ Doze apóstolos, isso é um bocado./ O Espírito Santo e uma Virgem, também./ O cristianismo é o certo para você. (N. T.)
*** Ouçam o que anunciam os anjos arautos/ A srta. Simpson fisgou nosso rei. (N. T.)

— um monarca inglês ligado a uma americana divorciada — era reforçada pela incongruência de um escândalo sexual cantado na melodia de uma música de Natal? É difícil dizer, mas tenho certeza de que algo desse tipo estava em ação na versão sacrílega do comercial da Pepsi-Cola. A paródia não zombava apenas das crenças cristãs no Espírito Santo, na Virgem Maria e nos apóstolos. Mediante a associação com o comercial, indicava também que o cristianismo era uma mercadoria vendida como tudo mais no mundo moderno e que suas doutrinas tinham menos validade do que os chamarizes de venda da publicidade. A transferência de mensagens de um contexto para outro pertence a um processo que Erving Goffman denomina mudança de quadro — a descontextualização e a recontextualização de algo, de forma a lhe conferir uma feição absurda, chocante ou engraçada.[2]

É provável que canções funcionassem dessa maneira durante o século XVIII. Música e letra combinadas em padrões que transmitiam significados múltiplos, estabeleciam associações e brincavam com incongruências. É claro, temos poucas evidências diretas de como as pessoas ouviam canções séculos atrás. A fim de reconstituir essa experiência, ao menos de forma indireta, temos de procurar padrões de associação estudando os *chansonniers* juntamente com as "chaves".[3] Ao correlacionar músicas e letras de todas as fontes disponíveis da década de 1740, tentarei compreender, ainda que de modo precário, a maneira como os parisienses ouviam duas das canções ligadas ao Caso dos Catorze. Mas primeiro é importante registrar algumas características das canções de rua do século XVIII em geral.

A exemplo de outros meios de comunicação oral no passado, o canto não pode ser recuperado tal como existia de fato séculos antes. Nunca poderemos saber exatamente como as canções eram cantadas em 1749,[4] e seria um equívoco supor que a rica voz de meio-soprano de Hélène Delavault se assemelha aos guinchos e bramidos dos cantores de rua na Paris do século XVIII. A maneira como as canções eram executadas devia afetar a forma como eram compreendidas. Mudanças de timbre e de ritmo podiam deixá-las delicadas ou jocosas, raivosas ou cômicas, indecentes ou líricas. Temos poucos indícios sobre os estilos de canto, a não ser no palco,[5] mas as memórias e a correspondência dos contemporâneos indicam que as canções populares, comumente conhecidas como vaudeviles, eram cantadas em toda parte e por todo tipo de gente. Os aristocratas cantavam na corte; os sofisticados, em salões; os ociosos, em cafés; os trabalhadores, em tabernas e *guinguettes* (locais populares para beber, situados fora dos limites da cidade); os soldados, nos quartéis; os mascates, nas ruas; as vendedoras de feira, em suas barracas; os estudantes, nas salas de aula; os cozinheiros, nas cozinhas; as babás, junto aos berços — Paris inteira muitas vezes desatava a cantar, e as canções registravam reações a episódios da época. "Não existe nenhum acontecimento que não seja *registrado* numa canção por esse povo zombeteiro", anotou Louis-Sébastien Mercier em 1781.[6]

Algumas vozes podiam ser detectadas em meio a essa cacofonia. Dois tipos se destacavam: compositores profissionais ou semiprofissionais conhecidos como *vaudevillistes* e cantores de rua chamados de *chanteurs* ou *chansonniers*. O maior dos *vaudevillistes*, Charles Simon Favart, supostamente improvisava canções desde menino, quando misturava massa de farinha na confeitaria do pai. Seu talento acabou por encaminhá-lo ao Théâtre de la Foire (farsas e espetáculos musicais apresentados durante a temporada de feiras de Saint-German em fevereiro-março e de Saint-Laurent em julho) e à Opéra Comique, onde ele se apresentou em dúzias de óperas ligeiras, o que o transformou numa celebridade em toda a Europa. Compositores de canções do mesmo tipo provinham de origens relativamente modestas. Nos primeiros estágios da carreira, vários deles se reuniam na confeitaria de Pierre Gallet, também membro do grupo, que lhes fornecia comida e bebida enquanto se revezavam para inventar letras para músicas comuns e temas musicais clássicos: os prazeres da garrafa, granadeiros galantes, pastoras não muito inocentes, os lindos olhos de Climène e Nicole. Eles se deslocaram para os cafés no final da década de 1720. Ao lado de homens de letras, fundaram o famoso Café du Caveau em 1733, onde improvisavam canções enquanto passavam as garrafas de mão em mão e competiam por risadas. Segundo a lenda — mas tão grande é a mitologia que rodeia o Caveau que é muito difícil distinguir seu caráter original das tentativas de ressuscitá-lo no século XIX —, qualquer pessoa que não conseguisse criar um verso espirituoso era condenada a beber um copo de água. Na década de 1740, esses *vaudevillistes* tinham conquistado a Opéra Comique, e suas canções, centenas delas, se espalharam por todo o reino. Seus nomes, na maioria, estão esquecidos hoje em dia, exceto entre especialistas: Charles-François Panard, Barthélemy Christophe Fagan, Jean-Joseph Vadé, Charles Collé, Alexis Piron, Gabriel-Charles Lattaignant, Claude-Prosper Jolyot de Crébillon (conhecido como Crébillon *fils*, a fim de diferenciá-lo do pai, autor de tragédias). Mas eles criaram a era de ouro da *chanson* francesa e, ao mesmo tempo, um espírito de graça e de alegria, que, embora reformulado e comercializado, passou a ser identificado com a própria França.[7]

Embora os cantores de rua também ganhassem a vida com suas pilhérias, nunca foram muito além das ruas. Acompanhando a si mesmos ou acompanhados por um parceiro ao violino, ao realejo (*vielle*), à flauta ou à gaita de fole (*musette*), podiam ser encontrados em toda parte de Paris. Normalmente ocupavam posições fixas onde pudessem se apresentar melhor aos passantes. A fim de atrair a multidão, muitas vezes usavam roupas chamativas, chapéus extravagantes feitos de papel ou palha, e produziam uma música muito alta, competindo por centavos nas esquinas, nas feiras, nos bulevares que haviam tomado o lugar dos antigos muros na Margem Direita, e nos embarcadouros dos dois lados do Sena. Congregavam-se em número tão alto na Pont Neuf ou nos seus arredores que suas canções ganharam o nome de *pont-neufs*. Mercier descreve dois deles em disputa pelos favores do público, a poucos passos um do outro, trepados em bancos, munidos de rabecas e gesticulando para uma lona desenrolada ou uma placa pintada, que servia para ilustrar seus temas: de um lado, o diabo e os perigos do fogo do inferno, que poderiam ser evitados com a compra de um escapulário (uma fita de pano consagrada que os monges usavam sobre o ombro); de outro, um general galante que tinha vencido uma batalha pouco antes e estava celebrando o feito com vinho e mulheres. O segundo cantor leva a melhor sobre o primeiro, e a multidão reunida à sua volta confirma a vitória depositando moedas de dois pence em seu bolso.[8]

Mercier relata a cena em tom de ironia, como um combate entre o sagrado e o profano; mas, embora não se deva tomá-la de forma literal, sua descrição transmite os atributos clássicos de cantores de rua, que também podem ser vistos em impressos da época: algum tipo de tribuna, um cartaz, um instrumento musical, de preferência uma rabeca, de modo que o arco podia ser usado como um ponteiro indicativo para guiar os ouvintes no decurso dos episódios da narrativa ou para identificar os personagens.

Como acontecia em toda parte na Europa, as execuções públicas forneciam o melhor material para as canções, mas qualquer pessoa importante podia estar sujeita a um vaudevile. De fato, Mercier diz (com certo exagero) que ninguém que não tivesse figurado numa canção poderia ser considerado importante aos olhos do povo:

Um cantor itinerante se apresentando, enquanto seu parceiro vende bugigangas e livretos com baladas.

Quando, felizmente para o poeta da Pont Neuf, algum personagem ilustre sobe ao cadafalso, sua morte é rimada e cantada com o acompanhamento de uma rabeca. Paris inteira proporciona material para canções; e qualquer pessoa, seja um marechal de campo ou um criminoso condenado, que não tenha figurado numa canção, a despeito do que possa fazer, permanecerá desconhecido para o povo.[9]

Cantores de rua viviam à margem da sociedade estabelecida, como mendigos itinerantes; eles também tinham muito em comum com os mascates, porque com frequência vendiam folhetos, manuscritos ou impressos, com a letra de suas canções. Os folhetos pareciam os livretos e almanaques populares que os mascates comercializavam nas ruas, entoando pregões.[10] Em geral, continham seis, oito ou doze páginas manuscritas ou toscamente impressas, às vezes com as notas musicais, e eram vendidos por seis *sous*.

Alguns eram publicados por especialistas como J.-B.-Christophe Ballard, que produziu a coletânea *Le Clef des chansonniers, ou Recueil de vaudevilles depuis cent ans et plus* (1717), mas outros eram atribuídos a editores fictícios ou a autores como "Belhumeur, chanteur de Paris", "Beauchant", "Bazolle dit le Père de la Joye", "Baptiste dit le Divertissant".[11] Compositores de canções que assinavam com pseudônimos — "Belhumeur", em particular, e também personagens fantasiosos, como "Messire Honoré Fiacre Burlon de la Busbaquerie"[12] — aparecem com frequência nos *chansonniers*, ao lado de referências a cantores que podem ter existido de fato e eram identificados apenas por sua ocupação: "um granadeiro da Guarda", "um mestre peruqueiro que reside na Rue du Bacy, Faubourg Saint Germain", "um residente em Rambouillet [...] que é chapeleiro e metido a fazer rimas".[13]

Como as identificações sugerem, as canções não provinham exclusivamente de círculos sofisticados; e, qualquer que fosse sua

LA SIMPLE FILLETTE

Vaudeville Nouveau

Prix 6^s.

A PARIS

Chez { Mme Boivin rue St Honoré à la regle d'Or.
M.^{r} le Clerc ruë du roule à la Croix d'Or.

Um livro de canções manuscrito.

origem, pertenciam à cultura das ruas. Cantores de rua que percorriam os bulevares, sobretudo mulheres conhecidas como *vielleuses*, por tocar o realejo (*vielle*), às vezes se aliavam a prostitutas, fazendo negócios com versões escandalosas de canções tradicionais — ou até mesmo se prostituindo em quartos nos fundos dos cafés.[14] Canções se moviam para cima e para baixo na escala social, atravessavam fronteiras e se infiltravam em locais inesperados. Um *noël* podia ser uma canção de Natal e também uma sátira política do tipo que os cortesãos gostavam de inventar no final do ano e que viajava de Versailles até os bulevares e depois fazia o caminho de volta, enriquecida de versos novos. De vez em quando uma canção nova alcançava tanto sucesso que preenchia o ar de toda a cidade e era adaptada a qualquer assunto que se podia imaginar. "La Béquille du père Barnabas" (ou "Barnaba", em algumas versões), uma canção sobre um pobre frade capuchinho que padeceu uma miséria terrível depois que sua igreja foi roubada, de certo modo comoveu a fundo todo tipo de parisiense em 1737. Foi copiada em todos os *chansonniers* daquele ano e se prestou a tratar dos temas mais disparatados, alguns políticos, outros melancólicos e alguns obscenos.[15]

"Les Pantins", um sucesso maior ainda de 1747, derivava de um espetáculo de fantoches. Marionetes feitas de papelão — chamadas de Pantins e Pantines, às vezes decoradas com o rosto de figuras públicas — vendiam como água e podiam ser postas para dançar, enquanto o manipulador dos bonecos cantava versos que satirizavam os ministros, zombavam do papa ou escarneciam do Parlamento de Paris:[16]

> *Vous n'êtes que des Pantins;*
> *Vous n'êtes qu'un corps san âme.*

Vocês [membros do Parlamento] não passam de fantoches;
Não passam de um corpo sem alma.

Mas a fungibilidade das palavras e das músicas apresenta um problema: se a mesma melodia podia ser adaptada a muitos e disparatados assuntos, como é possível traçar um padrão coerente de temas associados à música? Existe uma correlação clara em alguns poucos casos: canções que zombavam do *prévôt des marchands* (o principal funcionário municipal de Paris, um dos alvos prediletos das sátiras) serviam para a melodia popular conhecida como "Le Prévôt des marchands".[17] Uma canção sobre o exílio do Parlamento de Paris de 1751 conseguia dar seu recado simplesmente porque era composta com base numa música conhecida como "Cela ne durera pas longtemps" (Isso não vai durar muito tempo).[18] Mas em termos relativos tais casos são raros e as incoerências, comuns. Com frequência, a mesma música era usada para transmitir mensagens diferentes, e a mesma letra era às vezes adaptada a músicas diferentes.

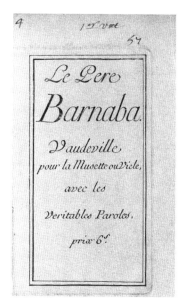

Uma canção de sucesso de 1737 num livro de canções manuscrito, com notas musicais.

* * *

Se tivermos em mente essa dificuldade, será possível detectar uma cadeia de associações agregada às músicas que reverberavam pelas ruas de Paris enquanto a polícia andava à caça de suspeitos ligados ao Caso dos Catorze? Para dar conta dessa questão, é preciso saber quais as melodias mais populares em 1749 e como refletiam os acontecimentos da época. Informações detalhadas sobre tais assuntos podem ser obtidas no apêndice deste volume: "A popularidade das melodias" e "Um cabaré eletrônico: Canções de rua de Paris, 1748-50". Munidos desse pano de fundo, o que podemos concluir sobre a recepção das duas canções mais populares entranhadas no Caso dos Catorze?

A melodia da canção que desencadeou a queda do ministério de Maurepas, em 24 de abril de 1749, aparece em muitos *chansonniers* após este primeiro verso: "Réveillez-vous, belle endormie" (Desperta, bela que dorme). Das referências a ela que encontrei, a mais antiga data de 1717, num *chansonnier* com sua própria chave, que continha a música para a seguinte letra:[19]

> *Réveillez-vous, belle dormeuse,*
> *Si mes discours vous font plaisir.*
> *Mais si vous êtes scrupuleuse,*
> *Dormez, ou feignez dormir.*

> Desperta, bela que dorme,
> Se meus discursos te dão prazer.
> Mas se és escrupulosa,
> Dorme, ou finge dormir.

Quando a melodia nasceu, é impossível dizer. O *chansonnier* de 1717 afirmava que suas canções remontavam a cem anos ou mais,[20] e existe uma do século XVI, "Réveillez-vous, coeurs endormis", que provavelmente é uma ancestral das versões do século XVIII.[21] Embora algumas canções se infiltrassem nas ruas de Paris a partir de fontes identificáveis, como a ópera, musicólogos e folcloristas em geral consideram inútil procurar a versão original de uma canção tradicional. Porque as canções de mais ampla disseminação eram constantemente reformuladas em origens incertas. No caso de "Réveillez-vous, belle dormeuse", Patrice Coirault, a maior autoridade nesse campo, associa as versões mais antigas a um conto sobre um amante que aparece do lado de fora da janela de uma dama com a qual pretende se casar. Quando ele a desperta com seu chamado, a dama responde que seu pai decidiu não permitir o casamento porque está resolvido a mandá-la para um convento. Em desespero, o amante, então, declara que irá se retirar do mundo como um eremita.[22]

A música reforça essa mensagem melancólica. Ela é doce e tristonha, simples e lírica, como se pode verificar ouvindo a gravação de Hélène Delavault. Versões posteriores da canção confirmam esse aspecto. Uma adaptação feita pelo *vaudevilliste* popular Charles-François Panard apreendeu seu tom tristonho, reformulando-a como um lamento cantado pelo amante: contemplando um rio, ele compara a constância de seu amor ao fluxo da corrente que se move de forma irresistível, morro abaixo, rumo a uma planície florida:[23]

Ruisseau qui baigne cette plaine,
Je te ressemble en bien des traits.
Toujours même penchant t'entraîne.
Le mien ne changera jamais.

Regato que banha esta planície,
Pareço contigo em vários aspectos.
Sempre a mesma inclinação te empurra.
A minha não mudará jamais.

Qualquer que tenha sido a evolução precisa da canção, parece válido concluir que ela inspirava ideias de amor, ternura e doce melancolia.

Esse conjunto de associações criava um quadro ou um conjunto de expectativas, suscitadas pelos sons e pelas palavras do primeiro verso, que podia ser explorado na versão que atacava Mme. de Pompadour. De fato, uma paródia anterior, que tinha a intenção de humilhar uma duquesa cujo nome não é mencionado, já havia demonstrado a eficácia da mudança de registro, do adocicado para o sarcástico. Adotava o costumeiro tom meloso no início, depois desfechava um golpe devastador no verso final:[24]

> *Sur vos pas charmants, duchesse,*
> *Au lieu des grâces et des ris*
> *L'amour fait voltiger sans cesse*
> *Un essaim de chauve-souris.*

> Em seus passos encantadores, duquesa,
> Em lugar de graças e risos,
> O amor faz esvoaçar, sem pausa,
> Um enxame de morcegos.

O ataque a Mme. de Pompadour atribuído a Maurepas se assemelhava estreitamente à paródia direcionada contra a duquesa e empregava a mesma técnica de mudar o enfoque, mediante um último verso incongruente:

> *Par vos façons nobles et franches,*
> *Iris, vous enchantez nos coeurs;*
> *Sur nos pas vous semez des fleurs.*
> *Mais ce sont des fleurs blanches.*

> Por suas maneiras nobres e francas,
> Iris, tu encantas nossos corações;
> Em nossos passos, tu semeias flores.
> Mas são flores brancas.

O tiro de misericórdia no último verso, que alude à doença venérea (*fleurs blanches* ou *flueurs blanches* [fluxos brancos]), era ainda mais maldoso do que o insulto sobre o enxame de morcegos, e sugere que o autor da canção sobre Pompadour adaptou o modelo anterior a um alvo novo. No entanto, seja qual for sua fonte imediata, a canção que derrubou o governo em 1749 derivava boa parte de sua eficácia de uma cadeia de associações que podem remontar ao século XVI. Para o público parisiense, tais associações provavelmente reforçavam o golpe desfechado pelo último verso, que extraía boa parte de seu poder de uma retórica da incongruência: de modo abrupto, transformava uma canção de amor em sátira política.

Tenho de resguardar esse argumento com o advérbio "provavelmente" porque ele envolve certa dose de especulação. Também é suscetível a uma objeção, que é a seguinte: "Réveillez-vous, belle endormie" pode ter nascido como uma chorosa canção de amor; mas, usada com regularidade, poderia ter adquirido outras associações, que talvez tenham criado estática, contradições ou confusão entre as reações dos que a ouviram cantada em 1749. Para verificar quais mensagens foram enxertadas nela, investiguei sua aparência nos dois maiores *chansonniers* de 1738 a 1750, o "Chansonnier Clairambault" e o "Chansonnier Maurepas", que provém da coleção de canções do próprio Maurepas. (Infelizmente, ele para em 1747 e, portanto, não contém nada relacionado à queda de Maurepas do poder.)[25] "Réveillez-vous, belle endormie" aparece com muita frequência, sinal de que a melodia figurava entre as prediletas dos cantores quando escreviam letras novas para melodias antigas.

O "Chansonnier Clairambault" inclui nove versões dela nos treze volumes (cada um com mais ou menos quatrocentas páginas), abrangendo esse período. Quatro versões têm em mira os ministros e os figurões da corte. O seguinte ataque contra Philibert Orry, ministro das Finanças, que estava comprometido por causa dos gastos extravagantes do irmão, exemplifica esse tipo de sátira:[26]

> *Orry, contrôleur des finances,*
> *Pour punir son frère, dit-on,*
> *De toutes ses folles dépenses,*
> *Le fera mettre à Charenton.*

> Orry, controlador das finanças,
> Dizem que para punir seu irmão
> Por todas as suas loucas despesas
> Vai mandá-lo para Charenton [o manicômio].

Evidentemente "Réveillez-vous, belle endormie" era o tipo de melodia simples que os satiristas podiam adaptar a fim de atacar personagens de destaque. Os parisienses pareciam habituados a ouvi-la usada dessa forma e, portanto, estavam preparados para ouvi-la dirigida contra Mme. de Pompadour.

Mas as outras aplicações da melodia não se enquadram num padrão bem definido. Foi usada para ridicularizar o exército inimigo durante a Guerra da Sucessão Austríaca, para zombar do atrativo exótico do embaixador turco quando ele apareceu em Paris, para escarnecer da Académie Française e até para exprimir indignação contra a perseguição aos jansenistas.[27] A versão pró-jansenista celebrava Charles Coffin, o reitor aposentado da Universidade de Paris, como um mártir da causa. Em razão de sua resistência em aceitar a bula *Unigenitus*, que condenava o jansenismo, foi-lhe recusado o último sacramento, e ele morreu sem ter feito a confissão:

> *Tu [Coffin] nous apprends par ta conduite*
> *Qu'il faut aimer la vérité,*
> *Qu'en fuyant la Bulle maudite*
> *On parvient à l'éternité.*

> Você nos ensina por sua conduta
> Que é preciso amar a verdade,
> Que se esquivando da Bula maldita
> Se chega à eternidade.

Nada poderia estar mais longe, no tom e no espírito, da versão anti-Pompadour de "Réveillez-vous, belle endormie", embora os jansenistas figurassem entre os mais clamorosos oponentes do governo.[28]

O "Chansonnier Maurepas" confirma as descobertas derivadas do "Chansonnier Clairambault". Ambos contêm cinco canções iguais, e ainda mais uma, que, longe de satirizar alguém ou referir-se a qualquer questão política, apenas celebrava uma ópera recente.[29]

Levando em conta todos os usos que fizeram de "Réveillez-vous, belle endormie" entre 1739 e 1749, não se pode concluir que uma única linha de associações tenha predominado sobre todas as demais na época em que ela precipitou a queda de Maurepas do poder. A melodia foi dirigida contra figuras públicas com tanta frequência que os parisienses captaram ecos de sátiras anteriores quando ela foi usada para escarnecer de Mme. de Pompadour. Mas podiam ligá-la a muitos outros temas, alguns relativamente triviais. Por mais que vasculhemos a fundo os arquivos, é impossível recompor um caminho que leve direto, e de modo incontestável, às associações mentais que ligavam sons e palavras, entre os franceses de quase três séculos atrás.

Embora de fato não se possa examinar a mente dos mortos — aliás, nem dos vivos —, ainda assim é possível, de forma plausível, reconstituir alguns padrões de associação ligados a melodias populares. Ao tabular referências a melodias nos *chansonniers*, pode-se determinar quais eram as mais populares. (Para uma discussão dessa pesquisa, ver "A popularidade das melodias", no final deste volume.) Identifiquei uma dúzia de melodias que, quero crer, eram conhecidas de quase todos em Paris em meados do século XVIII. Uma das mais famosas, "Dirai-je mon Confiteor", também chamada de "Quand mon amant me fait la cour", pode ser identificada por este refrão: "*Ah! le voilà, ah! le voici*". Foi a melodia usada para o mais popular dos poemas envolvidos no Caso dos Catorze: "Qu'une bâtarde de catin". Ao consultar o diagrama do esquema de difusão dos poemas no capítulo 3, podemos ver que "Qu'une bâtarde de catin" entrou na rede em dois pontos separados, cruzando o caminho de quatro outros poemas sediciosos, e foi transmitida por pelo menos seis dos catorze suspeitos. Conforme explicado no capítulo 10, a *catin* (puta) em questão era Mme. de Pompadour, e a versão anti-Pompadour da canção continuou a modificar-se, porque os parisienses constantemente improvisavam novos versos a fim de zombar de figuras públicas adicionais e elaborar alusões aos acontecimentos mais recentes.

Além de seguir a evolução da canção adiante no tempo, enquanto versos novos eram enxertados na estrofe original, "*Qu'une bâtarde de catin*", podemos também seguir o caminho da melodia para trás, rumo ao passado, através de encarnações anteriores, a fim de detectar associações que possam ter estado agregadas a ela antes que fosse adotada pelos Catorze. A exemplo de muitas melodias populares, ela assumiu, em suas primeiras versões, a forma de uma canção de amor. Segundo Patrice Coirault, as letras mais antigas contavam a história de um rapaz que cortejava uma moça e a ludibriava para que revelasse seus verdadeiros sentimentos por ele. Como não conseguia saber se a jovem correspondia à sua paixão, ele se disfarçou de frade capuchinho, meteu-se no confessionário e, interrogando a jovem sobre seus pecados, induziu-a a admitir que estava de fato apaixonada por ele.[30] Uma versão posterior elimina a confissão e inverte os papéis. Enquanto o enamorado suspira e pena, a moça se queixa da timidez do rapaz. Ela quer ação, e não palavras, e resolve atormentar os amantes futuros caçoando deles: vai conceder certos favores, mas nunca irá satisfazê-los inteiramente.[31] Ao conferir ao amor um aspecto ridículo, essa mudança preparava o caminho para o refrão sarcástico, acrescentado às versões políticas da canção:

> *Ah! le voilà, ah! le voici,*
> *Celui qui n'en a nul souci.*

> Ah! aí está, ah! cá está
> Aquele que não se importa com nada.

Em 1740, esse refrão acompanhava uma canção que expunha os figurões ao ridículo, exatamente como a versão anti-Pompadour faria em 1749, durante o Caso dos Catorze. O primeiro verso — um ataque contra o idoso cardeal de Fleury, que naquele ano ainda dominava o governo — zombava da inutilidade do rei da mesma forma como o primeiro verso do ataque a Mme. de Pompadour faria nove anos mais tarde. Assim era a versão de 1740 (ou anti-Fleury):[32]

> *Que notre vieux préfet Fleury*
> *Régente toujours, ou qu'il crève,*
> *Que son petit disciple Louis*

Chasse, chevauche, et puis s'abrève [sic],
Ah! le voilà, ah! le voici!
Celui qui en est sans souci.

Que nosso velho prefeito Fleury
Seja sempre regente ou se arrebate,
Que seu pequeno discípulo Luís
Vá caçar, cavalgar [ou ter relação sexual], e depois beber,
Ah! aí está, ah!, cá está
Aquele que não se importa com nada.

E a versão de 1749 (ou anti-Pompadour):[33]

Qu'une bâtarde de catin,
A la cour se voit avancée,
Que dans l'amour ou dans le vin
Louis cherche une gloire aisée,
Ah! le voilà, ah! le voici
Celui qui n'en a nul souci.

Que uma meretriz bastarda
Seja introduzida na corte,
Que no amor ou no vinho
Luís procure uma glória fácil,
Ah! aí está, ah! cá está
Aquele que não se importa com nada.

Muitos parisienses que ouviram a canção em 1749 provavelmente captaram ecos de seu uso em contextos diferentes do de 1740. Também parece possível que tivessem lembrança de variedades mais recentes da versão popular anti-Pompadour da canção. Deparei com nove versões desse tipo em vários *chansonniers*, cobrindo o período 1747-9 (ver "Textos de 'Qu'une bâtarde de catin'", no apêndice deste volume). Embora cada uma difira ligeiramente das demais, todas têm as mesmas características básicas: uma sucessão de versos que zombam de personagens públicos, sendo todos os versos adaptados à mesma melodia e seguidos pelo mesmo refrão. A despeito das suposições e das incertezas inerentes a esse argumento, acho válido concluir que esta melodia, "Dirai-je mon Confiteor", serviu como veículo eficaz para sentimentos contrários ao governo, à medida que mudavam de um alvo para outro ao longo da década de 1740. E, ao mesmo tempo que difamava figurões individuais, ela foi usada de forma sistemática para zombar do rei, que era escarnecido ao final de todos os versos em todas as canções como uma perfeita mediocridade devassa, "aquele que não se importa com nada".

"Dirai-je mon Confiteor" certamente fez Luís XV parecer uma figura má. Mas sua ridicularização não deve ser interpretada como um republicanismo incipiente ou mesmo como indício de uma profunda insatisfação com a Monarquia. Assim como "Réveillez-vous, belle endormie", a melodia também se prestou a letras que não se referiam ao rei e ofereciam comentários sobre diversos assuntos recolhidos no fluxo dos fatos do momento: vitórias francesas durante a Guerra da Sucessão Austríaca, debates jansenistas, num caso até o colapso financeiro de um conhecido proprietário de um bar.[34] Outras versões ainda transmitiam mensagens contraditórias sobre a Monarquia. Duas, escritas durante a euforia com a recuperação da saúde de Luís XV em Metz, em 1744, o celebravam como *le bien-aimé* (o bem-amado). Outras duas condenavam seus casos amorosos com as irmãs Nesle como algo adúltero e também incestuoso.[35] Não há nenhuma dúvida sobre a força das canções para comunicar mensagens, sobretudo em sociedades com elevado grau de analfabetismo, mas seria um erro querer ver coisas demais na história das duas canções aqui discutidas

— ainda mais porque quase tudo que aconteceu antes de 1789 pode ser retratado como preparativo para a Revolução. Em vez de se envolver em questões de causalidade, seria mais proveitoso, me parece, indagar de que modo canções podem ser estudadas como um meio de penetrar no mundo simbólico do povo durante o Ancien Régime. Não raro os antropólogos enfatizam o aspecto "multivocal" dos símbolos, que podem transmitir muitos significados no âmbito de um idioma compartilhado.[36] A multivocalidade é inerente ao canto, tanto literal como figurativamente. Mensagens associadas podem ser enxertadas na mesma canção à medida que compositores diferentes acrescentam versos novos e sucessivos cantores dão voz a uma melodia. As múltiplas versões de "Réveillez-vous, belle endormie" e "Dirai-je mon Confiteor" mostram como esse processo ocorreu. Elas têm relevância para o estudo da opinião pública, mas não provam que os parisienses estavam cantando para tomar coragem e se preparar para a derrubada da Bastilha.

12. *Chansonniers*

A música ligada à poesia transmitia mensagens ao público como um todo. Mas podemos falar em "todo o público" na Paris do século XVIII? A expressão parece bastante dúbia hoje em dia e pode representar de forma muito equivocada a heterogeneidade de plateias ligadas ao Caso dos Catorze. Três dos seis poemas revelados no Caso dos Catorze seguem os modelos clássicos de um modo que atraía um público afim à oratória solene e ao teatro sério. Podemos imaginar os abades e escrivãos entre os Catorze declamando os poemas uns para os outros, e Pierre Sigorgne ditando-os para seus alunos. Mas será que tinham repercussão fora do Quartier Latin? Talvez não. Alexandrinos não se prestavam facilmente ao canto, ao contrário dos tradicionais versos de oito sílabas da *chanson*. O povo pode ter esbravejado "Qu'une bâtarde de catin" nas tavernas e *guinguettes* que ficam fora do raio de alcance das odes clássicas. Mas, apesar de estar ligada a algumas canções bem conhecidas cantadas com a mesma melodia, "Qu'une bâtarde de catin" pode ter nascido na própria corte; e não existe nenhum indício direto do alcance de sua penetração na população de Paris.

Por mais que a análise textual possa ser reveladora, ela não oferece conclusões sólidas sobre difusão e recepção.

Os *chansonniers* proporcionam alguma ajuda para tratar desse problema, porque nos habilitam a situar as canções e os poemas dos Catorze no contexto de todo o material oral e escrito que circulava nas redes de comunicação de Paris naquela época. Seu próprio tamanho já era em si um testemunho. Os *chansonniers* mais conhecidos, aqueles atribuídos a Maurepas e a Clairambault, alcançam 44 e 58 volumes, respectivamente.[1] Um *chansonnier* na Bibliothèque Historique de la Ville de Paris compreende 641 canções e poemas de circunstância, coligidos entre 1745 e 1752 e copiados em treze volumes corpulentos. Aquele contendo os versos difundidos pelos Catorze inclui 264 canções, a maioria delas hostil ao governo e todas compostas nos últimos meses de 1748 e nos primeiros de 1750. Era um período em que, como o marquês D'Argenson anotou em seu diário, "canções e sátiras chovem de todos os lados". Longe de se restringirem a uma elite sofisticada, as canções parecem ter se espalhado por toda parte, daí o gracejo de Chamfort, anos depois, de que o Estado francês era "*une monarchie absolute tempérée par des chansons*" (uma monarquia absoluta temperada por canções).[2]

Qualquer um que percorra esses volumes ficará imediatamente impressionado com sua variedade. Num extremo, eles contêm alguma poesia pomposa, em especial as três odes permutadas entre os Catorze e que não se destinavam a ser cantadas.[3] No outro, incluem toda sorte de canção de bebedeira, baladas populares e *bons mots*. Mas os mesmos temas podem ser encontrados em todos os gêneros — e são idênticos aos do repertório dos Catorze: o aviltamento do rei, a indignidade de Pompadour, a incompetência dos ministros, a decadência da corte, a humilhação da Paz de Aix-la-Chapelle, o tratamento desonroso ao príncipe Edouard e o ultraje ao imposto da *vingtième*. Seria preciso um volume inteiro para fazer justiça à riqueza dos poemas, mas alguns exemplos ilustram suas características:

> *Celui qui ne voulait rien prendre,*
> *Celui qui prit tout pour tout rendre,* (1)
> *Prit deux étrangers pour tout prendre,* (2)
> *Prit un étranger pour tout rendre,* (3)
> *Prit le Prétendant pour le prendre,* (4)
> *Prit le Prétendant pour le rendre.*

> Aquele que não queria tomar nada,
> Aquele que tomou tudo para devolver tudo, (1)
> Tomou dois estrangeiros para tomar tudo, (2)
> Tomou um estrangeiro para tomar tudo, (3)
> Tomou o Pretendente para tomá-lo, (4)
> Tomou o Pretendente para devolvê-lo.

Uma chave no rodapé ajudava quem não conseguisse dominar o jogo de adivinhações:

> (1) *Le roi par le traité de paix d'Aix-la-Chapelle rend toutes les conquêtes qu'il a faites pendant la guerre.*
> (2) *Les maréchaux de Saxe et de Lowend'hal. On prétend qu'ils ont beaucoup pillé.*
> (3) *M. le comte de Saint Séverin est d'une maison originaire d'Italie et ministre plénipotentiaire à Aix-la-Chapelle.*
> (4) *Le Prince Edouard.*[4]

> (1) O rei, pelo tratado de paz de Aix-la-Chapelle, devolve todas as conquistas que fez durante a guerra.
> (2) Os marechais de Saxe e de Lowend'hal. Sugere que eles fizeram muitas pilhagens.

(3) O conde de Saint Séverin é de uma casa [ou seja, de uma família] originária da Itália e foi ministro plenipotenciário em Aix-la-Chapelle.
(4) Príncipe Edouard.

JOGOS DE PALAVRAS. Em "Les Echos", a última sílaba do último verso de uma estrofe podia ser destacada, criando um efeito de eco, que também formava um trocadilho. Portanto, um "eco" que ampliava o escárnio geral da paixão de Luís XV por sua amante desprezível:

Une petite bourgeoise
Elevée à la grivoise
Mesurant tout à sa toise,
Fait de la cour un taudis;
Le Roi malgré son scrupule,
Pour elle froidement brûle,
Cette flamme ridicule
Excite dans tout Paris ris, ris, ris.

Uma pequena burguesa
Elevada por causa da safadeza
Medindo tudo pela sua própria medida,
Transforma a corte num cortiço;
O rei, apesar de seus escrúpulos,
Arde por ela friamente,
Essa chama ridícula
Desperta em toda a Paris riso, riso, riso.[5]

ZOMBARIA. Esse tipo de engenhosidade produzia um efeito contundente:

Vers sur le régiment des Gardes françaises qui ont arrêté le Prétendant

Cet essaim de héros qui sert si bien son roi
A Malplaquet, Ettingen, Fontenoy,
Couvert d'une égale gloire,
Des Gardes en un mot, le brave régiment
Vient, dit-on, d'arrêter le Prétendant.
Il a pris un Anglais; O Dieu! quelle victoire!
Muse, grave bien vite au Temple de mémoire
    Ce rare événement.
    Va, Déesse aux cent voix,
    Va l'apprendre à la terre;
    Car c'est le seul Anglois
    Qu'il a pris dans la guerre.[6]

Poema sobre o regimento da Guarda Francesa que prendeu o Pretendente

Esse enxame de heróis que serve tão bem a seu rei
Em Malplaquet, Ettingen, Fontenoy,
Coberto de uma glória igual,
A Guarda, em suma, o bravo regimento
Acabou, dizem, de prender o Pretendente.
Ele prendeu um inglês; ah, meu Deus! Que vitória!
Musa, grave bem depressa no Templo da memória
    Esse raro acontecimento.
    Vá, Deusa de cem vozes,
    Vá contar para a terra;
    Pois é o único inglês
    Que ele prendeu na guerra.

PIADAS. Embora os dois exemplos acima tivessem apelo para um público relativamente sofisticado, o trocadilho interminável com "Poisson", nome de solteira de Pompadour, podia ser compreendido por todos:

Jadis c'était Versailles
Qui donnait le bon goût;
Aujourd'hui la canaille
Règne, tient le haut bout;
Si la Cour se ravalle,
Pourquoi s'étonne-t-on?
N'est-ce pas de la Halle
Que nous vient le poisson?[7]

Antigamente era Versailles
Que ditava o bom gosto;
Hoje a canalha
Reina, tem a supremacia;
Se a corte se degrada,
Por que se admirar?
Não é de la Halle
Que nos vem o peixe?

TIRADAS DE ESPÍRITO. O verso mais simples brincava com temas clássicos, como o homem traído, a fim de chamar a atenção para o abuso de poder do rei. Assim é esta quadra para ser cantada ou recitada em nome do marido de Pompadour:

M. d'Étiole

De par le roi je suis cocu.
Peut-on résister à son maître?

Tel seigneur en rira peut-être
Qui le sera par le premier venu.[8]

Por ordem do rei, sou corno.
Quem pode resistir a seu senhor?
Talvez algum nobre possa rir disso
E será chifrado pelo primeiro que passar.

BALADAS POPULARES. Melodias que todos conheciam se prestavam melhor a comentários sobre acontecimentos públicos. Como eram difundidas por cantores de rua, sobretudo em Pont Neuf, que funcionava como um centro nervoso para informação num nível popular, eram muitas vezes chamadas de *pont-neufs*. Uma das favoritas nesse gênero, "Biribi", serviu de veículo para protestar contra o tratado de paz e o imposto *vingtième*:

Sur la publication de la paix qui se fera le 12 février 1749.
Sur l'air de "Biribi"
C'est donc enfin pour mercredi
Qu'avec belle apparence
On confirmera dans Paris
La paix et l'indigence,
Machault ne voulant point, dit-on,
La faridondaine, la faridondon,
Oter les impôts qu'il a mis
Biribi,
A la façon de Barbari, mon ami.[9]

Tira de papel com uma canção que atacava a Paz de Aix-la-Chapelle e as cerimônias para celebrá-la, organizadas por Bernage, o prévôt des marchands.

Sobre a publicação da paz que terá lugar em 12 de fevereiro de 1749.
Sobre a melodia de "Biribi"
Será enfim na quarta-feira
Que com muita pompa
Irão confirmar em Paris
A paz e a indigência,
Pois Machault não quer, dizem,
A faridondaine, a faridondon,
Revogar os impostos que criou
Biribi,
À maneira de Barbari, meu amigo.

CARTAZES BURLESCOS. Este poema pode ter acompanhado notícias reais coladas em esquinas e prédios públicos. Em todo caso, também podia ser apreciado por qualquer pessoa que passasse na rua:

Affiche au sujet du Prétendant
Français, rougissez tous, que l'Écosse frémisse,
Georges d'Hanovre a pris le roi à son service,
Et Louis devenu de l'Électeur exempt,
Surprend, arrête, outrage indignement
Un Hannibal nouveau, D'Albion le vrai maître
Et qui de l'univers mériterait de l'être.[10]

Cartaz sobre o tema do Pretendente
Fiquem vermelhos, parisienses, porque a Escócia treme,
George de Hanover tomou o rei a seu serviço,
E Luís, transformado em polícia do Eleitor,
Surpreende, prende, ofende indignamente
Um novo Aníbal, verdadeiro senhor de Albion
Que merecia ser senhor do universo.

CANTOS DE NATAL BURLESCOS. Esses também eram usados, como as melodias mais conhecidas de todas.

> Sur le noël "Où est-il ce petit nouveau-né?"
> *Le roi sera bientot las*
> *De sa sotte pécore.*
> *L'ennui jusques dans ses bras*
> *Le suit et le dévore;*
> *Quoi, dit-il, toujours des opéras,*
> *En verrons-nous encore?*[11]

> *Sobre a canção de Natal "Onde está ele, esse recém-nascido?"*
> Em breve o rei vai se cansar
> De sua tola palerma.
> O tédio nos braços dela
> O persegue e o devora;
> Ora, diz ele, sempre essas óperas,
> Até quando teremos de ver isso?

DIATRIBES. Os poemas mais violentos exalavam tamanha raiva e hostilidade que alguns colecionadores se recusavam a copiá-los em seus *chansonniers*. O compilador do "Chansonnier Clairambault" anotou no volume do ano de 1749: "Em fevereiro do mesmo ano [1749], depois da prisão do príncipe Edouard, apareceu em Paris um poema contra o rei. Esse poema começava com estas palavras: 'Tirano incestuoso etc.'. Achei-o tão torpe que não quis tomá-lo [para o *chansonnier*]".[12] Mas os colecionadores de estômago mais forte o acrescentaram a seu arsenal:

> *Incestueux tyran, traître inhumain faussaire,*
> *Oses-tu t'arroger le nom de Bien-aimé?*
> *L'exil et la prison seront donc le salaire*

D'un digne fils de roi, d'un prince infortuné;
Georges, dis-tu, t'oblige à refuser l'asile
Au vaillant Edouard. S'il t'avait demandé,
Roi sans religion, de ta putain l'exil,
Réponds-moi, malheureux, l'aurais-tu accordé?
Achève ton ouvrage, ajoute crime au crime,
Dans ton superbe Louvre, élève un échafaud,
Immole, tu le peux, l'innocent victime
Et sois, monstre d'horreur, toi-même le bourreau.[13]

Tirano incestuoso, traidor desumano e falsário,
Ousas te arrogar o nome de Bem-Amado?
O exílio e a prisão serão então o pagamento
De um digno filho de rei, de um príncipe desafortunado;
George, tu dizes, te obriga a recusar o asilo
Ao valente Edouard. Se ele tivesse pedido,
Rei sem religião, o exílio de tua puta,
Responde, infeliz, tu terias acatado?
Termina tua obra, junte um crime a outro crime,
Em teu soberbo Louvre, erga um cadafalso,
Imola, tu podes, a vítima inocente
E sê, monstro do horror, tu mesmo o carrasco.

O marquês D'Argenson também achou esse poema violento demais para seu estômago: "Ele inspira horror".[14] Algumas semanas antes, no dia 3 de janeiro de 1749, ele notou que as canções e os poemas tinham ido além dos limites da decência: "Os últimos poemas que apareceram contra ele [Luís XV] contêm expressões que insultam sua pessoa e foram rejeitados [até] pelo pior dos franceses. Todos sentem vergonha demais para guardá-los consigo".[15] Em 24 de janeiro, ele recebeu a cópia de um poema tão hostil ao rei e a Pompadour que o queimou.¹⁶ E no dia 12 de março, topou com um poema que superava todos os demais. Continha ameaças de regicídio: "Acabei de ver duas novas sátiras contra o rei que são tão horríveis que me deixaram de cabelo em pé. Chegam a ponto de incentivar um Ravaillac, um Jacques Clément [os assassinos de Henrique IV e de Henrique VIII]".¹⁷ Esse poema podia ser forte demais para a corte, mas circulava por Paris e encontrou seu espaço em dois *chansonniers*.

No primeiro, aparecia como um protesto brutal e grosseiro:

Louis le mal-aimé
Fais ton jubilé
Quitte ta putain
*Et donne-nous du pain.*¹⁸

Luís, o mal-amado,
Faz teu jubileu
Larga a puta
E nos dá pão.

Uma celebração do jubileu, tradicionalmente feita a cada cinquenta anos a fim de assinalar a remissão dos pecados, tinha sido planejada para 1750, mas foi cancelada, causando muita insatisfação em Paris.

No segundo *chansonnier*, o poema foi reelaborado de forma a ser lido como um incitamento ao regicídio:

Louis le bien-aimé
Louis le mal-nommé
Louis fait ton jubilé
Louis quitte ta catin
Louis donne-nous du pain

Louis prend garde à ta vie
Il est encore des Ravaillac à Paris.[19]

Luís, o bem-amado
Luís, o mal nomeado
Luís, faz teu jubileu
Luís, deixa tua meretriz
Luís, nos dá pão
Luís, cuidado com a tua vida
Ainda existem alguns Ravaillac em Paris.

Esse apanhado pode apenas sugerir a gama de gêneros cobertos pelos *chansonniers*, mas mostra que eles abrangiam desde os mais requintados jogos de palavras até os mais brutais vitupérios. Todas as variedades de poesia foram usadas para difundir os mesmos temas que aparecem nas canções e nos poemas dos Catorze. E algumas variedades eram simples o bastante para atrair um público sem sofisticação. Apesar de alguns de seus autores provavelmente provirem da corte, outros pertenciam às camadas mais baixas da sociedade. O maior de todos, Charles Favart, era filho de um pasteleiro. Seus companheiros de cantorias nas tavernas e nos teatros de vaudevile de Paris — como Charles-François Panard, Charles Collé, Jean-Joseph Vadé, Alexis Piron, Gabriel-Charles Lattaignant, François-Augustin Paradis de Moncrif — provinham de famílias muito modestas. Seus pais eram pequenos advogados ou comerciantes; e, embora tenham alcançado certo reconhecimento — Moncrif foi eleito para a Académie Française, Lattaignant tornou-se cônego em Reims —, eles passaram a maior parte da vida no meio do povo de Paris — e muitas noites em tavernas como a Caveau, uma grande fonte de canções, que foi a sede de muitas "associações de orgias e de cantorias", como a Ordre du Bouchon, a Confrérie des Buveurs e a Amis de la Goguette (a Ordem da Rolha, a Confraria dos Glutões e a Amigos da Farra). Qualquer um podia cantar uma canção de bebedeira e até improvisar uma ou duas estrofes, ocasionalmente temperadas por uma alusão cortante aos fatos do momento.

A dimensão coletiva, popular, na composição de canções não figura nos arquivos, mas existe um caso nos registros da polícia que ilustra a versificação entre o *petit peuple* [classe baixa] de Paris: o caso de Mme. Dubois. Entre os muitos fardos de sua vida obscura, o mais pesado era seu marido, vendedor numa loja de tecidos e grosseirão insuportável. Certo dia, depois de uma discussão particularmente desagradável, a mulher resolveu livrar-se do marido. Escreveu uma carta sob um nome falso para o tenente-general da polícia dizendo que tinha visto um homem lendo o poema na rua para outro homem. Os dois fugiram assim que a viram, deixando para trás o poema, no chão. Ela pegou o papel e seguiu o homem até sua residência na Rue Lavandières — o apartamento de M. Dubois. Mme. Dubois tinha inventado a história na esperança de que a polícia fosse pular sobre seu marido e mandá-lo direto para a Bastilha. Depois de pôr a denúncia no correio, porém, ela mudou de ideia. O marido, de fato, era um grosseirão, mas será que merecia desaparecer numa *oubliette* [masmorra]? Tomada pelo remorso, ela foi à audiência pública semanal do tenente-general e jogou-se a seus pés, confessando tudo. Ele a perdoou e o caso foi arquivado — junto com o poema. Não se trata de uma obra de arte importante, mas mostra o tipo de poema que era composto num nível próximo da base da hierarquia social, e seu tema é essencialmente aquele do refrão de "Qu'une bâtarde de catin":

Nous n'aurons point de jubilé.
Le peuple en paraît alarmé.
Pauvre imbécile, et quoi! Ne voit-il pas

Qu'une p… [putain] guide les pas
[*De Louis Quinze le bien-aimé?*]
Le pape en est ému, l'Église s'en offense,
Mais ce monarque aveuglé.
Se croyant dans l'indépendance,
Rit du Saint Père et f… [fout] en liberté.[20]

Não teremos um jubileu.
O povo parece alarmado com isso.
Pobres imbecis, ora! Não veem
Que uma p… [puta] guia os passos
[De Luís XV, o bem-amado?]
O papa está aborrecido, a Igreja se ofende,
Mas esse monarca cego,
Acreditando-se independente,
Ri do Pai Nosso e f… [fode] em liberdade.

13. Recepção

A fim de estudar a reação dos contemporâneos aos poemas, devemos consultar os diários e as memórias da época; mas eles não foram escritos a fim de satisfazer a curiosidade dos pesquisadores modernos. Em geral, mencionam antes fatos do que reações a poemas. Porém, os próprios fatos desencadeavam reações, produzindo, sem querer, uma espécie de propaganda da proeza, que se espalhava de início de boca em boca e depois por meio de poemas e canções.

Observemos o fato que produziu o maior número de versificações em 1748-9, o sequestro do príncipe Edouard. Edmond-Jean-François Barbier, o advogado parisiense cujo diário fornece uma avaliação equilibrada do sentimento público, registrou-o prontamente como um importante "acontecimento de Estado". Ele descreveu com grandes detalhes a prisão do príncipe na ópera, observando como a notícia se espalhou em ondas a partir do epicentro do episódio:

> A notícia se espalhou imediatamente no interior da ópera, onde as pessoas já haviam chegado, e também entre os que tentavam chegar

naquele momento e foram barrados na rua. Isso provocou muita discussão, não só dentro do teatro como em toda parte em Paris, ainda mais porque esse desafortunado príncipe era amado e amplamente respeitado.[1]

Barbier observou que os jornais, mesmo as gazetas da Holanda em língua francesa, publicaram apenas um registro muito sucinto do incidente, pelo jeito por causa da pressão do governo francês, o qual, disse ele, temia um levante popular em apoio ao príncipe.[2] Mas a notícia continuou a se propagar de boca em boca, fomentando o *mauvais propos* pelo qual pessoas foram presas nas semanas seguintes. Registros detalhados, em forma de *bruits publiques* e *on dits*, mantiveram Paris fervilhante por dois meses, até que a Paz de Aix-la-Chapelle foi oficialmente proclamada, em 12 de fevereiro de 1749. A essa altura, a indignação, tanto com o tratamento oferecido ao príncipe quanto com a humilhação do acordo de paz, tinha alcançado as camadas mais humildes da população. O povo se recusou a gritar "Vive le Roi!" durante as requintadas cerimônias para celebrar a paz, segundo Barbier:

> O povo em geral não está muito feliz com essa paz, embora precisem dela tremendamente, pois que medidas teriam de ser tomadas se a guerra prosseguisse? Dizem que, quando as vendedoras da feira em Les Halles discutem, falam umas para as outras: "Você é tão burra quanto a paz". O povo tem seu próprio jeito de raciocinar. O triste destino do pobre príncipe Edouard desagradou ao povo.[3]

O "povo" encontrava muitos meios para exprimir seu descontentamento. Segundo o marquês D'Argenson, eles se recusaram a dançar nas celebrações da paz e puseram os músicos para fora.[4] Eles se aglomeraram na Place de la Grève para ver o espetáculo de fogos de artifício, mas em número tão grande que a multidão perdeu o controle e uma dúzia de pessoas ou mais foram pisoteadas e morreram.⁵ Esse desastre foi recebido como um mau presságio, difundido por outros rumores e *mauvais propos*. "Todo infortúnio, toda fatalidade acaba sendo atribuída aos erros do governo", escreveu D'Argenson.

> A culpa desse morticínio na Place de la Grève no dia da celebração da paz é atribuída às autoridades, à falta de ordem e de previdência [...]. Alguns chegam a ponto de se entregar a superstições e augúrios, como faziam os pagãos. Eles se perguntam: "O que essa paz prenuncia, tendo sido celebrada com horrores tão generalizados?".⁶

Outros veículos também propagavam o descontentamento. Um cartaz burlesco, escrito em forma de uma proclamação de George II, ordenava a Luís XV, na condição de menino de recados dos ingleses, que capturasse o príncipe Edouard e o mandasse para o papa em Roma.⁷ Um impresso popular caricaturava a humilhação de Luís nas questões internacionais: preso e amarrado com seu *culotte* abaixado, ele era chicoteado no traseiro por Maria Theresa da Áustria-Hungria, enquanto George ordenava: "Bata com força!", e os holandeses gritavam: "Ele vai ver só!".⁸ Essa caricatura correspondia ao tema de outros cartazes e *canards*, e mesmo a algumas conversas sediciosas relatadas quatro anos antes por um espião da polícia. Um grupo de artesãos que bebiam e jogavam numa taverna começou uma discussão sobre a guerra. Um deles chamou o rei de *jean-foutre*, acrescentando: "Vocês vão ver, vocês vão ver. A rainha da Hungria vai dar de chicote em Luís XV, assim como a rainha Ana fez com Luís XIV".⁹

Essa enxurrada de protestos — em poemas, canções, impressos, cartazes e conversas — teve início em dezembro de 1748 e persistiu até muito depois da queda de Maurepas, no dia 24 de abril de 1749. Ao seguir os passos de um poema, a "Ode sur l'exil de M. de Maurepas", a polícia deu vazão a grandes reservas de descontentamento que tinham pouca coisa a ver com o próprio Maurepas e que recobriam uma imensa variedade de assuntos. Toda a documentação, por mais fragmentária que seja, sugere duas conclusões: os poemas revelados pela polícia representavam apenas uma pequena parte de uma vasta literatura de protesto, e a rede dos Catorze constituía um pequeno segmento de um enorme sistema de comunicação, que se estendia por todos os setores da sociedade parisiense. Mas um problema crucial permanece: como eram entendidos todos esses poemas?

De várias maneiras, sem dúvida — a maior parte delas inacessíveis para a pesquisa. Para conseguir pelo menos uma visão de relance dessas formas, é preciso consultar os poucos relatos da época que sobreviveram. Três deles sobressaem. Todos se referem aos poemas sobre o sequestro do príncipe Edouard, "Quel est le sort des malheureux Français" e "Peuple jadi si fier, aujourd'hui si servile". Charles Collé, o dramaturgo e trovador, costumava restringir seu diário a comentários sobre teatro; e, quando mencionava assuntos políticos, não mostrava nenhuma simpatia pelos protestos populares. Os poemas ofendiam tanto sua visão política quanto seu sentido de versificação correta:

> Este mês, circularam alguns poemas muito ruins e muito inconvenientes contra o rei. Eles só podem ter vindo do mais extremado dos jacobitas. São tão exaltados em favor do príncipe Edouard e contra o rei que só podem ter tido origem em algum louco de seu [de Edouard] partido. Eu vi os poemas. O autor não é nem poeta nem homem habituado a compor versos; é seguramente um homem da sociedade.[10]

Barbier, o advogado que sempre tomava o lado da política do

rei, citou os poemas em detalhes, comentando apenas que eram "muito atrevidos" e exprimiam um vigoroso descontentamento público.[11] O marquês D'Argenson, que frequentava os círculos íntimos de Versailles e tinha uma visão crítica do governo, também considerava os poemas chocantes e os atribuía ao "partido jacobita". Mas explicou que essa facção, na realidade, falava por todos os descontentes do país e exprimia uma maré crescente de protesto público. Todos à sua volta, afirmava ele, haviam memorizado "Quel est le triste sort des malheureux Français", todos os oitenta versos do poema; e citava aqueles mencionados com mais frequência:

> Hoje, todos sabem de cor os 84 versos, que começam com "Quel est le triste sort". Todos repetem os versos principais: "O cetro aos pés de Pompadour"; "Nossas lágrimas e nosso escárnio"; "Tudo neste lugar é torpe, ministros e amantes"; "Ministro ignorante e devasso" etc.[12]

É claro que "todos", para o marquês D'Argenson, provavelmente não significava nada além da elite da corte e da capital. Mas os panfletários hostis ao rei fizeram eco à opinião de D'Argenson na década de 1780, quando recapitularam o reinado de Luís XV e identificaram os poemas como sintomáticos do momento em que o rei começava a perder o poder sobre a lealdade de seus súditos:

> Foi exatamente nessa época vergonhosa [da prisão do príncipe Edouard] que o escárnio geral pelo soberano e por sua amante, que nunca parou de crescer até o fim [do reinado de Luís XV], começou a se manifestar [...]. Esse escárnio explodiu pela primeira vez no poema satírico sobre a afronta cometida contra o príncipe Edouard, no qual Luís XV era repreendido, em comparação à sua vítima ilustre: "Ele é rei preso em suas correntes; e o que é você no trono?". E

na apóstrofe dirigida à nação: "Povo outrora tão orgulhoso, hoje tão servil,/ Não ofereces mais asilo para príncipes desafortunados".

A ansiedade com que o público procurava tais poemas, tratava de aprendê-los de cor e os transmitia a outras pessoas comprova que os leitores adotavam a opinião do poeta. Mme. de Pompadour não era poupada nos poemas. Numa comparação humilhante, ela era equiparada a Agnès Sorel... Pompadour deu ordens para que fossem tomadas as medidas mais severas e encontrados os autores, os vendedores e os distribuidores de tais folhetos e, em pouco tempo, a Bastilha ficou cheia de prisioneiros.[13]

14. Um diagnóstico

Vasculhando e esmiuçando a fundo as fontes da época, podemos reunir mais alguns comentários sobre reações aos poemas; mas a documentação jamais permitirá nada comparável à moderna pesquisa de opinião. O trabalho permanece irredutivelmente anedótico e as anedotas, de um jeito ou de outro, provêm da elite. Portanto, em vez de tentar uma cobertura abrangente, proponho examinar de perto uma fonte, ainda que idiossincrática, na qual as opiniões e o público são as preocupações principais.

O diário do marquês D'Argenson dificilmente oferece um retrato desanuviado da atmosfera de opinião sob Luís XV. Na verdade, o marquês era um homem muito bem informado. Na condição de ministro do Exterior de novembro de 1744 a janeiro de 1747, ele conheceu Versailles por dentro; e continuou a observar aquele ambiente como um conhecedor profundo, ao mesmo tempo que acompanhava de perto os acontecimentos em Paris, até sua morte, em 1757. Mas tinha opiniões categóricas, as quais declarava sem reservas em seu diário e que perturbavam sua percepção dos acontecimentos. Como indica em suas *Considérations sur le gouvernement ancien et présent de la France*, publicado postumamente em 1764, ele simpatizava com as ideias dos *philosophes*, sobretudo Voltaire. De fato, o marquês tinha uma visão tão hostil de Luís XV e Pompadour que encarou a crise de 1748-9 como uma confirmação do argumento sobre o despotismo que Montesquieu havia acabado de publicar em *De l'Esprit des lois*.[1] Ele detestava Maurepas, "esse pequeno e torpe cortesão";[2] e observava a crescente influência de seu irmão, o conde D'Argenson, ministro da Guerra, com um misto de ciúme e apreensão. Deslocado para as margens do poder e à espera de que as coisas se deteriorassem a tal ponto que ele fosse chamado de volta para salvá-los, ele parecia antes um profeta do Apocalipse do que um isento cronista de seu tempo.

Porém, devido a suas peculiaridades, o diário de D'Argenson pode ser tomado como um guia para o fluxo de informações que chegavam à elite política, semana a semana, em 1748 e 1749. Com maior cautela, também pode ser tomado como um registro não só dos fatos, mas também do que as pessoas diziam sobre os fatos — pessoas comuns, pois D'Argenson se empenhava em registrar comentários ouvidos em feiras, mexericos em jardins públicos, boatos ouvidos nas ruas, piadas, canções, folhetos impressos e tudo o que ele achava que pudesse indicar o estado de ânimo do público. Ele foi informado, por exemplo, da conversa que ocorreu em torno da "árvore de Cracóvia", um local de reunião para debates públicos no jardim do Palais-Royal.[3] Acompanhou relatos sobre manifestações populares em protesto contra o tratamento dado aos jansenistas durante a discussão sobre a recusa dos sacramentos.[4] E registrou os rumores que corriam entre trabalhadores sobre crianças sequestradas nas ruas pela polícia — um caso extraordinário de *bruits publics* que desencadeou *émotions populaires* (revoltas em grande escala), inflamadas, pelo que ele ouviu dizer, por um mito sobre o massacre dos inocentes a fim de se obter sangue para um banho de sangue, de que o rei precisava para curar-se de uma doença que o castigava por causa de seus pecados.[5]

Já em dezembro de 1748, D'Argenson registrou uma onda de hostilidade contra o governo, a qual ele atribuiu à prisão do príncipe Edouard e ao descontentamento com o acordo de paz:

> Canções, sátiras chovem de todos os lados [...]. Tudo ofende o público [...]. Em público e em companhia refinada, deparo-me com conversas que me chocam, um escárnio descarado, um profundo descontentamento com o governo. A prisão do príncipe Edouard levou isso ao auge.[6]

As canções e os poemas continuaram a jorrar em janeiro de 1749, mas de início pareciam radicais demais para serem levados a sério. A exemplo de Charles Collé, D'Argenson os atribuía aos adeptos jacobitas do príncipe. No fim do mês, no entanto, ele observou que o descontentamento havia se espalhado por toda parte. Novos poemas circulavam em fevereiro, alguns tão violentos que, como já mencionei, D'Argenson se recusou a aceitar cópias dos textos. Depois da proclamação do tratado de paz, ele notou uma grande "efervescência em meio ao povo", na maior parte dirigida antes contra o governo e Pompadour do que contra o próprio rei.[7] Em março, no entanto, Luís não estava mais sendo poupado: "Canções, poemas, folhetos satíricos chovem contra a pessoa do rei".[8]

Durante a primavera — enquanto os preços subiam, os impostos não baixavam, e o rei, pelo que diziam, gastava cada vez mais com a amante —, o governo não conseguia fazer nada correto, aos olhos do público: "Tudo o que é feito hoje em dia tem o infortúnio de ser desaprovado pelo público".[9] Quando se espalhou a notícia do imposto *vingtième* e os parlamentos começaram a resistir à Coroa, D'Argenson detectou sinais de uma outra Fronda. Registrou o surgimento de novas canções sobre Pompadour e novos versos aplicados a melodias de canções antigas, alguns tão sediciosos que trouxeram à sua memória as *Mazarinades*, que haviam fomentado o levante de 1648.[10] *Poissonades*, assim ele os denominou, numa alusão jocosa ao nome de solteira de Pompadour;[11] e os levou a sério como sinal de uma rebelião incipiente ou até de um atentado contra a vida do rei.[12] O renascimento das discussões com os jansenistas fez a situação parecer ainda mais explosiva em abril. A essa altura, D'Argenson enxergou o perigo real de uma *révolte populaire*[13] — não de uma Revolução Francesa, que continuava impensável em 1749, mas uma repetição da Fronda, porque os parlamentos pareciam mobilizar o povo contra o governo, assim como tinham feito cem anos antes. D'Argenson não nutria a menor simpatia pelos magistrados nos parlamentos. Eles perderiam muito com a *vingtième*, pois, pelo que a lei dispunha, suas propriedades rurais não estariam mais isentas de impostos. Porém, ao darem ao seu interesse próprio a feição de defesa do povo, eles podiam provocar uma grave crise: "O Parlamento se vê como responsável, aos olhos do povo, por garantir o interesse nacional nesta ocasião. Quando fala muito pelo povo e bem pouco por si mesmo, o Parlamento é temível".[14]

Em retrospecto, D'Argenson tem receio de parecer exagerado. Sabemos hoje que o Parlamento de Paris se curvou após algumas reprimendas formais e que a resistência à *vingtième* se deslocou para o clero, que a diluiu de tal forma que acabou por neutralizar a crise. Mas a instabilidade estrutural das finanças do Estado só faria piorar nas quatro décadas seguintes. E D'Argenson havia detectado a própria combinação de elementos que iriam lançar o Estado por terra no fim daquele período: uma dívida esmagadora após uma guerra dispendiosa, a tentativa de um ministro reformista de impor um novo e radical imposto sobre todos os senhores de terra, a resistência dos parlamentos e a violência nas ruas. Ele também tocou no elemento-chave que se revelaria decisivo em 1787-8, embora não tenha pesado na balança em 1749: a opinião pública.

Na verdade, D'Argenson não empregou o termo, mas chegou bem perto disso. Ele escreveu sobre "os sentimentos do público", "o descontentamento geral e nacional com o governo", "o público descontente", "o descontentamento do povo" e "os sentimentos e as opiniões populares".[15] Em todos os casos, se referia a uma força palpável capaz de afetar a política a partir de fora de Versailles. Atribuía isso ao "povo" ou à "nação", sem definir sua composição social; no entanto, por mais vago que fosse, não podia ser ignorado pelas pessoas que estavam enfronhadas naquele meio e dirigiam a política na corte, pelo menos não durante as crises. Em tais ocasiões, observou D'Argenson, canções e poemas constituíam "manifestações de opinião e da voz do público"[16] — manifestações, à sua maneira, tão importantes quanto as dos parlamentos, porque, como na Inglaterra, a política também existia numa "nação política" fora dos limites das instituições formais.[17] Assim como muitos de seus contemporâneos, D'Argenson levava o exemplo inglês a sério: "O vento sopra da Inglaterra".[18] Ele percebia momentos em que os ministros adaptavam a política às demandas públicas. E, como ex-ministro ele mesmo, temia que o fato de os ministros não fazerem tais adaptações pudesse levar a uma explosão:

> Mas o público, o público! Sua animosidade, seu fortalecimento, suas *pasquinades*, sua insolência, os *dévôts* [uma facção ultracatólica e antijansenista], os *frondeurs* [agitadores comparáveis aos rebeldes de 1648] — em sua irritação contra a corte, o que não farão contra a marquesa?[19]

15. Opinião pública

O diário de D'Argenson não proporciona um acesso direto às opiniões do público maior do que os arquivos da Bastilha ou as fichas da polícia ou quaisquer outros diários ou memórias escritos por observadores da vida cotidiana em Paris e em Versailles. Quase todos mencionam a onda de canções e poemas hostis à Monarquia em 1749, mas nenhum oferece uma visão não mediada da opinião pública. Tal visão não existe. Mesmo hoje em dia, quando falamos em "opinião pública" como um fato trivial da vida, uma força ativa em funcionamento em toda parte, na política e na sociedade, só a conhecemos indiretamente, por meio de pesquisas de opinião e declarações jornalísticas; e muitas vezes elas erram — ou pelo menos se contradizem e são contestadas por outros indicadores, como as eleições e o comportamento dos consumidores.[1] Quando examinamos as conjecturas dos profissionais modernos, o trabalho da polícia no Antigo Regime nos parece muito impressionante. Acho notável que os arquivos da polícia forneçam informações suficientes para rastrearmos os passos de seis poemas através de uma rede de transmissão oral que desapareceu há 250 anos.

É verdade que o rastro se apaga após catorze prisões, a maior parte delas no *pays latin*, ou no ambiente de estudantes, padres e escreventes judiciários ligados à universidade. Mas a documentação circundante prova que muitos outros parisienses recitavam e cantavam os mesmos poemas; que canções e poemas semelhantes estavam circulando simultaneamente a partir de outras fontes; que a poesia transmitia os mesmos temas que os folhetos populares, panfletos e boatos; e que todo esse material se espalhava até os confins da cidade. Parte dele traía a mão refinada de cortesãos; parte trazia a marca dos mexericos dos cafés e dos vendedores de baladas nos bulevares; parte era cantada aos brados em tavernas e esbravejada entre os operários de oficinas. Mas tudo isso convergia para as redes de comunicação. As linhas de transmissão se cruzavam, se ramificavam e se entrelaçavam num sistema de informação tão denso que Paris inteira fervilhava de notícias sobre as questões públicas. A sociedade da informação existia muito antes da internet.

Rastrear o fluxo de informação através de uma rede é uma coisa; identificar a opinião pública é outra. Será que podemos falar em "opinião pública" antes da era moderna, quando ela é medida e manipulada por publicitários, pesquisadores de opinião e políticos? Alguns historiadores não hesitaram em fazê-lo.[2] Mas não levaram em conta as objeções dos analistas do discurso, que argumentam que a coisa não pode existir antes que a palavra entre em uso. Não só as pessoas são incapazes de pensar sem palavras — assim se desevolve a argumentação —, como a própria realidade é construída discursivamente. Sem o conceito de opinião pública tal como foi elaborado por filósofos durante a segunda metade do século XVIII, os franceses careceriam de uma categoria fundamental para organizar sua oposição à Coroa e até para compreendê-la.[3]

Acho que muito se pode dizer em favor desse argumento,

embora, se levado ao extremo, ele possa desviar-se para o nominalismo. Ele faz justiça a um ingrediente novo da política francesa nas vésperas da Revolução. Uma vez que os filósofos e os publicistas pararam de detratar a opinião pública como o estado de ânimo volúvel da multidão e começaram a invocá-la como um tribunal dotado de autoridade para julgar e dar sentenças em questões públicas, o governo sentiu-se forçado a também levá-la a sério. Ministros como Turgot, Necker, Calonne e Brienne aliciaram filósofos como Condorcet e Morellet para mobilizar o apoio do público às suas iniciativas políticas ou até para redigir preâmbulos para seus decretos. Em sua forma mais radical, o apelo à opinião pública podia converter-se numa afirmação da soberania popular. Como disse Malesherbes em 1788: "Aquilo que se chamava de *público* no ano passado é chamado hoje de *Nação*".[4] Mas, apesar de sua simpatia pela Grécia antiga, os filósofos não tinham em vista nada semelhante à rudeza e à desordem de uma ágora. Em vez disso, imaginavam uma força persuasiva e pacífica, a Razão, que agia por meio da palavra impressa sobre uma cidadania de leitores. Condorcet, o mais eloquente expoente desse ponto de vista, invocava um poder que movimentava o mundo moral de maneira análoga à gravitação dos corpos no reino da física: era uma ação intelectual à distância, silenciosa, invisível, e em última instância irresistível. Em seu *Esquisse d'un tableau historique des progrès de l'esprit humain* (1794), ele o identificava como a força dominante na oitava época da história, a sua própria era, quando o Iluminismo havia levado à Revolução:

> Uma opinião pública se havia formado, poderosa, em virtude do número dos que dela participavam, e vigorosa, pois determinada por motivos que estão em todas as mentes ao mesmo tempo, ainda que em distâncias remotas. Assim, em favor da razão e da justiça, via-se a emergência de um tribunal que é independente de todo

poder humano, do qual é difícil esconder qualquer coisa e é impossível escapar.[5]

O argumento apoiava-se em três elementos básicos — homens de letras, imprensa e público —, os quais Condorcet combinava numa visão geral da história. Da forma como ele a entendia, a história, essencialmente, se resumia a uma competição de ideias. Homens de letras elaboravam visões conflitantes sobre as questões públicas e as confiavam à imprensa; então, depois de pesar ambos os lados dos debates, o público optava pelos melhores argumentos. Podia cometer erros, é claro; mas em última análise a verdade prevaleceria, porque a verdade realmente existia, em questões sociais assim como na matemática. E, graças à imprensa, era seguro que a longo prazo os argumentos inferiores seriam desmascarados e os superiores venceriam. Portanto, a opinião pública agia como a força motora da história. Era a Razão realizada mediante o debate — de maneira nobre, com leitura e reflexão no silêncio do gabinete, longe do clamor dos cafés e dos barulhos da rua.

Variações desse tema podem ser encontradas dispersas pela literatura da década de 1780, às vezes acompanhadas de observações sobre aquilo que as pessoas estavam de fato lendo e comentando nos cafés e em locais públicos. Assim, duas versões da opinião pública se desenvolviam lado a lado: uma variedade filosófica, interessada na difusão da verdade, e uma sociológica, que tinha a ver com mensagens que fluíam através de circuitos de comunicação. Em certos casos, as duas coexistiam nas obras de um mesmo autor. O caso mais relevante, no qual vale a pena nos determos em virtude da rica profusão de suas incoerências, é o de Louis-Sébastien Mercier, escritor mediano, de classe média, dotado de um ouvido apurado para o tom da vida na Paris pré-revolucionária.

Mercier exprimia as mesmas ideias de Condorcet, mas em feição jornalística, sem os prolegômenos epistemológicos, os cálculos de probabilidade e a teorização sobre uma ciência da sociedade. Assim, Mercier dizia sobre a imprensa:

> É a mais bela dádiva que os Céus, em sua misericórdia, concederam aos homens. Em pouco tempo ela vai mudar a face do universo. A partir dos pequenos compartimentos da caixa de tipos móveis na oficina gráfica, ideias grandes e generosas serão difundidas e será impossível ao homem resistir a elas. Ele as adotará a despeito de si mesmo, e o efeito resultante já é visível. Logo depois do nascimento da imprensa, tudo assumiu uma tendência geral e claramente perceptível rumo à perfeição.[6]

Sobre escritores:

> A influência dos escritores é tamanha que agora eles podem apregoar abertamente seu poder e não disfarçam mais a autoridade legítima que exercem na mente das pessoas. Estabelecidos com base no interesse público e no conhecimento real do homem, eles orientarão as ideias nacionais. As vontades particulares estão também em suas mãos. A moralidade tornou-se o principal campo de estudo das mentes boas [...]. Deve-se presumir que essa tendência geral produzirá uma revolução feliz.[7]

Sobre opinião pública:

> Em apenas trinta anos, ocorreu uma grande e importante revolução em nossas ideias. A opinião pública tem agora, na Europa, um poder preponderante contra o qual é impossível resistir. Ao avaliar o progresso do Iluminismo e a mudança que ele deve produzir, é possível, com razão, esperar que trará o maior bem para o mundo e que tiranos de todos os tipos tremerão diante do brado universal que reverbera, ocupa e desperta a Europa.[8]

Ao mesmo tempo que compartilhava essas ideias filosóficas, Mercier tinha algo que faltava a Condorcet: a sensibilidade de jornalista para aquilo que se passava a seu redor. Coletava fragmentos de conversas a respeito de questões públicas extraídos de comentários fortuitos em feiras, em discussões em cafés, conversas descontraídas em jardins públicos, trechos de canções populares, comentários de passagem sobre os acontecimentos, ouvidos no fosso da orquestra em teatros e nos palcos dos vaudeviles nos bulevares. Eles proliferam em toda parte nas obras de Mercier, sobretudo nas compilações de recortes de jornal *Tableau de Paris* e *Mon Bonnet de nuit*, nos quais juntou tudo aquilo que surpreendia seus ouvidos e seus olhos, em capítulos com títulos como "Espetáculos gratuitos", "A linguagem do mestre dos cocheiros", "A feira de Saint-Germain", "Espetáculos nos bulevares", "Trocadilhos", "Oradores sacros", "Plumitivos populares", "Cafés", "Escritores dos Charniers-Innocents", "Canções, vaudeviles", "Boateiros", "Cantores públicos", "Cartazes", "Coladores de cartazes", "Lanternas", "Folhetos licenciosos", "Folhas de notícias", "Libelos", "Intrigas", "Cabarés duvidosos", "Palcos em bulevares", "Rimas", "Livros". Ler esses ensaios é encontrar públicos e opiniões bem distantes da opinião pública entendida como o "progresso do Iluminismo" que ele evocava nos mesmos livros.

Não que se possa aceitar a reportagem de Mercier de forma literal, como se fosse uma reprodução estenográfica das palavras efetivamente proferidas nos locais onde os parisienses se cruzavam. Ao contrário, Mercier muitas vezes usava seus ensaios e diálogos a fim de dar vazão às próprias opiniões sobre seus tópicos prediletos, como a imprudência dos cocheiros e a mania de fazer trocadilhos. Mas ele transmitia o tom das conversas, seu ambiente, seus temas e a maneira como mudavam de um assunto para outro em alta velocidade, sobretudo em locais públicos de reunião, onde constantemente grupos se formavam e se dispersavam e onde estranhos não hesitavam em entabular conversas uns com os outros sobre os fatos do momento. Mercier dedicou dois livros inteiros a esse tipo de conversas: *Les Entretiens du Palais-Royal de Paris* (1786) e *Les Entretiens du Jardin des Tuileries de Paris* (1788). Este último inclui uma descrição viva de estranhos se abordando mutuamente, trocando comentários sobre os últimos acontecimentos e passando de um grupo para outro, entre aqueles que se aglomeravam em redor dos oradores, os quais competiam para que suas opiniões fossem ouvidas em meio ao "falatório interminável":

> Embora não existam moções [parlamentares] durante uma crise em questões públicas na França, como acontece na Inglaterra, temos de admitir que o público inteiro [na França] forma uma Casa dos Comuns, em que cada pessoa exprime sua opinião de acordo com seus sentimentos ou seus preconceitos. Mesmo o artesão quer fazer uma declaração a respeito das questões nacionais; e, embora sua opinião não conte para nada, ele a exprime no âmbito de sua família, como se tivesse o direito de julgar e dar a sentença.[9]

O que Mercier observava, ainda que de forma imperfeita e imprecisa, era a opinião pública, propriamente dita, em processo de formação e no nível das ruas. Mas a opinião pública desse tipo, a variedade sociológica, não tinha nenhuma semelhança com a destilação filosófica da verdade que Mercier celebrava em outras passagens de seus textos. Quando encontrado na rua, "Monsier le Public" não tinha nenhuma semelhança com a corporificação da Razão:

> MONSIER LE PUBLIC
> É um composto indefinível. Um pintor que quisesse representá-lo em suas feições verdadeiras poderia pintá-lo com o rosto de um

personagem com o cabelo comprido [de um cavaleiro] e o paletó bordado [de um nobre], o solidéu [de um padre] na cabeça e a espada [de um nobre] a seu lado, vestindo a capa curta [de um trabalhador] e os sapatos vermelhos de salto [de um aristocrata], levando na mão a bengala com castão em forma de bico [de um médico], com as dragonas [de um oficial], a cruz na casa do botão da lapela esquerda e o capuz [de um monge] no braço direito. É possível perceber que esse monsieur deve pensar muito na maneira como se veste.[10]

Tendo descrito essa estranha criatura, Mercier de repente se deteve, como se houvesse surpreendido a si mesmo numa incoerência, e em seguida invocou a variedade filosófica da mesma coisa: "No entanto existe um público diferente daquele dominado pelo frenesi de julgar antes de compreender. Do conflito de opiniões resulta um veredicto que é a voz da verdade e que não é apagada".[11]

O caso de Mercier mostra como os dois pontos de vista sobre a opinião pública tinham passado a ocupar um lugar na literatura contemporânea em 1789. Segundo um desses pontos de vista, a opinião pública era um processo filosófico que agia na direção do aprimoramento da humanidade. De acordo com o outro, era um fenômeno social, inextricavelmente misturado aos fatos do momento. Ambos os pontos de vista tinham suas razões; os dois eram válidos à sua maneira. Mas poderiam ser conciliados? A questão se tornou premente durante as crises pré-revolucionárias de 1787-8, pois a sorte do regime dependia do resultado de uma luta pela opinião pública. De um lado de uma nítida linha divisória, o governo tentava se salvar da bancarrota arregimentando a opinião pública por meio dos programas de reforma dos ministros Calonne e Brienne. De outro lado, a Assembleia dos Notáveis e os parlamentos erguiam um clamor contra o despotismo ministerial e apelavam ao público numa campanha para forçar a convocação dos estados-gerais.

Nesse ponto, Condorcet entrou na briga. Vale a pena refletir sobre sua experiência, pois ela mostra como alguém empenhado na defesa da visão filosófica da opinião pública reagiu ao torvelinho em curso nas ruas. Condorcet tentou angariar apoio para o governo. Numa série de folhetos redigidos da perspectiva de um americano — ele recebera o título de cidadão honorário de New Haven e, como amigo de Franklin e Jefferson, se interessava a fundo pelos assuntos americanos —, argumentava que o verdadeiro perigo do despotismo provinha dos parlamentos. Atacava os parlamentos como corpos aristocráticos determinados a defender os privilégios fiscais da nobreza e a dominar qualquer nova ordem política que pudesse emergir da crise. Ao prestar apoio ao governo, sobretudo durante o ministério de Loménie de Brienne, o público se protegeria do domínio da aristocracia. Poderia ajudar os ministros esclarecidos a implementar reformas progressistas, do tipo americano — em particular, um sistema de impostos igualitário, fiscalizado por assembleias provinciais, por meio das quais todos os senhores de terra poderiam participar da solução racional das questões públicas.[12]

Embora adotasse a polêmica posição de "cidadão dos Estados Unidos" e de "burguês de New Haven", Condorcet não escrevia panfletos à maneira de Tom Paine. Ele continuou a tratar seu argumento num plano filosófico e até citou a matemática abstrusa do seu *Essai sur l'application de l'analyse à la probabilité des décisions rendues à la pluralité des voix* (Ensaio sobre a aplicação da análise à probabilidade das decisões tomadas por uma pluralidade de votos; 1785). Engendrou uma forma de demonstrar racionalmente onde se encontrava o interesse do público: a favor do governo e contra os parlamentos. Muitos historiadores concordariam com Condorcet, mas a maioria de seus contemporâneos não.

Suas correspondências, seus diários, memórias e folhetos indicam uma hostilidade avassaladora contra o governo, expressa não apenas em conversas fortuitas como aquelas descritas por Mercier, mas também em manifestações de rua e em violência. O abade Morellet, um amigo de Condorcet que compartilhava suas opiniões, descreveu os acontecimentos de 1787-8 numa série de cartas para lorde Shelburne, na Inglaterra. Após a queda do ministério de Brienne e a convocação dos estados-gerais, ele escreveu em tom pesaroso: "Não há como negar que aqui o poder da opinião pública suplantou o governo".[13]

Que "opinião pública"? Não a voz da razão nem nada remotamente semelhante ao conceito filosófico que Morellet e Condorcet esposavam, mas sim o *diktat* de um híbrido social, o "Monsieur le Public" de Mercier, que agora se assemelhava a um novo Leviatã. Condorcet tentou domá-lo. Mas, quando desceu à arena pública e tentou arregimentar apoio para sua causa, descobriu que o público não iria lhe dar ouvidos. O público tinha se bandeado para o lado errado. Ele fracassou mais uma vez, tragicamente, em 1793. Todavia seus fracassos não o levaram a questionar a fé no triunfo da verdade. Ao contrário, desenvolveu sua concepção de opinião pública no âmago de sua teoria do progresso, a qual ele redigiu no auge do Terror, quando o público uivava pedindo sua cabeça.

Será que a opinião pública nas ruas alguma vez andou paralela ao discurso dos filósofos? Duvido. Os autores de panfletos ganhavam pontos convocando os soberanos a se apresentar perante o tribunal do público. Oradores procuravam legitimação afirmando falar com a voz do público. Revolucionários tentavam baixar a abstração para o nível das ruas, ao celebrar a Opinião Pública em seus festivais patrióticos. Mas o ideal filosófico nunca coincidia com a realidade social. Monsieur le Public existia muito antes de os filósofos escreverem tratados sobre a opinião pública, e ainda existe hoje, independentemente do êxito dos pesquisadores de opinião em avaliar sua dimensão. Não que ele tenha sempre sido o mesmo. Na Paris do século XVIII, um público peculiar ao Antigo Regime se formou e começou a impor suas opiniões a respeito dos fatos. Esse público não era uma abstração imaginada por filósofos. Era uma força que jorrava das ruas, algo já evidente na época dos Catorze e irreprimível quarenta anos depois, quando varria tudo o que estivesse na sua frente, inclusive os filósofos, sem a menor consideração com as tentativas deles para construí-la discursivamente.

Conclusão

Entre o Caso dos Catorze e a queda da Bastilha, sobrevieram tantos acontecimentos, influências, causas, contingências e conjunturas que é inútil procurar uma conexão. O Caso dos Catorze merece ser estudado em si mesmo, não como um sintoma de coisas futuras, mas sim como um dos raros incidentes que, se adequadamente exumados, revelam os determinantes subjacentes dos fatos. Nem em 1749 nem em 1789 os acontecimentos atingiam a consciência dos contemporâneos de modo direto, como se fossem coisas evidentes em si mesmas e partículas de informação autônomas — aquilo a que nos referimos como "fatos incontestáveis". Eles fluíam no interior de uma paisagem mental preexistente, composta de atitudes, valores e costumes; e se infiltravam nas redes de comunicação, as quais matizavam seu significado ao mesmo tempo que as transmitiam para um público heterogêneo de leitores e ouvintes. Entre outras formas de expressão, eles se corporificavam em baladas de versos de oito sílabas, odes clássicas, canções de bebedeira, cantos de Natal e melodias familiares com refrões que ecoavam letras anteriores e ouvintes já prevenidos quanto ao alvo da sátira:

Ah! le voilà, ah, le voici
Celui qui n'en a nul souci.

Ah! aí está, ah! cá está
Aquele que não se importa com nada.

A canção gravava Luís XV numa memória coletiva alimentada por estímulos orais; e, ao fazer isso, perpetuava a mitologia dos *rois fainéants* — reis medíocres, irresponsáveis, com séquitos de cortesãos decadentes, ministros corruptos e amantes que cheiravam a mercado de peixe. Os parisienses podiam até captar mensagens em frases absurdas. Cantadas num contexto adequado, o refrão familiar, "Biribi/ à la façon de Barbari, mon ami", sublinhava a injustiça (tal como os contemporâneos a entendiam) de impingir impostos drásticos numa época em que isso já não era necessário, porque a guerra para a qual os impostos eram destinados já havia chegado ao fim.

Um público atual, habituado à televisão e aos celulares "inteligentes", pode se mostrar cético acerca da possibilidade de recuperar mensagens transmitidas por meio de redes orais que desapareceram há mais de dois séculos. Este livro é uma tentativa de fazer exatamente isso — e até, ao menos de forma aproximada, ouvir os sons que transmitiam as mensagens. Como pode um historiador afirmar que capta a experiência oral de pessoas de um passado distante? Em essência, eu responderia, por meio de um trabalho de detetive. No Caso dos Catorze, a maior parte da pesquisa foi realizada muito antes de mim, por detetives extremamente competentes: o inspetor D'Hémery, o comissário Rochebrune e seus colegas, que sabiam como procurar a fonte da poesia dos cafés, seguir o rastro de canções pelas ruas e até distinguir os poucos poetas mais talentosos, que conseguiam formar versos alexandrinos superiores, em meio às centenas de aspirantes a poeta em Paris.[1] Qualquer pessoa que tenha frequentado os arquivos da polícia do século XVIII provavelmente aprendeu a respeitar seu profissionalismo.

A pesquisa histórica, em muitos aspectos, se assemelha ao trabalho de um detetive. Teóricos, de R. G. Collingwood a Carlo Ginzburg, julgam convincente a comparação, não porque ela os projete num papel atraente como detetives particulares, mas porque tem relação com o problema do estabelecimento da verdade — verdade com "v" minúsculo.[2] Longe de tentar ler a mente de um suspeito ou solucionar crimes pelo exercício da intuição, os detetives trabalham de modo empírico e hermenêutico. Interpretam pistas, seguem fios condutores e montam um caso até chegar a uma convicção — a sua própria e frequentemente a de um júri. A história, tal como a compreendo, envolve um processo similar de elaborar um argumento a partir de indícios; e, no Caso dos Catorze, o historiador pode seguir o fio condutor da polícia.

Em sua investigação dos Catorze, a polícia parisiense chegou a conclusões plausíveis o bastante para ser verdadeiras. Alexis Dujast de fato copiou o poema sobre o exílio de Maurepas da versão lida a ele por Jacques Marie Hallaire num jantar na residência de Hallaire, na Rue St. Denis. Pierre Sigorgne realmente ditou de memória o poema sobre o príncipe Edouard para os alunos de sua turma, e um deles, Christophe Guyard, mandou mesmo sua versão escrita do poema para Hallaire, dentro de um exemplar do livro *Lettre sur les aveugles*, de Diderot. Louis-Félix de Baussancourt recebeu "Qu'une bâtarde de catin" com outros dois poemas, oriundos de três fontes diferentes, e passou dois deles para Guyard. Os caminhos dos poemas e os pontos fundamentais em sua difusão podem ser identificados com exatidão. O sistema de comunicação de fato funcionava da maneira descrita pela polícia.

Esse argumento pode ser verdadeiro nesse aspecto, porém

não vai muito além disso, porque a pesquisa histórica, à diferença da investigação policial, se abre para questões acerca do significado mais amplo do Caso dos Catorze. A fim de procurar tais questões, é preciso interpretar a interpretação da polícia — empreender um trabalho de detetive sobre algo distante. Por que a polícia se deu ao trabalho de uma investigação tão minuciosa? Como o Caso dos Catorze se enquadra nas circunstâncias que o rodeavam? Que mensagens as canções e os poemas comunicavam e como repercutiam no público? Tais questões levam a outras fontes — documentos políticos, correspondências, memórias de pessoas da época, *chansonniers* e arquivos musicais. As fontes suplementares fornecem pistas sobre o aspecto mais complexo do caso, aquele que envolve a interpretação do significado e que pode ser evocado por uma pergunta final: como podemos, hoje, conhecer o que alguém queria dizer ao cantar uma canção 250 anos atrás, ou o que outra pessoa entendia ao ouvir a canção?

A interpretação de algo tão remoto é repleta de dificuldades, mas não deveria ser impossível, porque o significado de um ato, assim como o próprio ato, pode ser recuperado por meio do trabalho de detetive. Com certeza, a letra de uma canção não transmite uma mensagem coerente, autônoma — nem mais nem menos do que uma frase num panfleto político. Como Quentin Skinner afirmou, os textos de panfletos são respostas a outros panfletos ou a questões despertadas por circunstâncias particulares, e seu significado está integrado ao contexto de sua comunicação.[3] As canções e os poemas de 1749-50 eram significativos conforme a maneira como foram cantados ou declamados num tempo e local específicos. Felizmente, em sua investigação, a polícia parisiense concentrou-se nesses fatores contextuais, e os indícios de outras fontes confirmam o diagnóstico da polícia. Desgostosos com a guerra, a paz, a situação econômica e os abusos de poder corporificados por incidentes como a brutal expulsão do príncipe

Edouard, os parisienses exprimiam seu descontentamento em rimas faladas, cantadas e escritas. Além dessa sensação geral de mal-estar, a poesia comunicava uma diversidade de outras mensagens que podiam ser entendidas de vários modos: como manobras para reforçar a facção de D'Argenson na Corte, como protestos contra o imposto *vingtième*, como exclamações do orgulho nacional ferido em reação à proclamação da Paz de Aix-la-Chapelle, como zombaria das autoridades parisienses personificadas por Bernage, o *prévôt des marchands*, e simplesmente como virtuosismo de uma parcela de trovadores e piadistas empenhados em se destacar entre seus pares. Alguns dos Catorze mostravam tanto interesse pela estética quanto pela política da poesia que permutavam.

A exemplo de toda expressão simbólica, os poemas eram multivocais. Eram ricos o bastante para significar coisas diferentes para pessoas diferentes, em todo o seu percurso de difusão. Reduzi-los a uma única interpretação seria interpretar mal seu caráter. Todavia, seus múltiplos significados não excediam as maneiras contemporâneas de apreendê-los, e uma dessas maneiras, vista numa perspectiva histórica mais ampla, chamava a atenção por sua ausência: os parisienses de 1749-50 não exprimem um sentimento de ira ou alienação, a disposição de endossar medidas radicais e a explosiva volatilidade dos "rumores públicos" (*bruits publics*) que enchiam as ruas de Paris entre 1787 e 1789. Nenhum dos Catorze revelou sintomas de uma mentalidade revolucionária.

A referência a 1789 é útil não para estabelecer uma linha de causalidade, mas para demarcar um contexto. Em meados do século, Paris não estava pronta para a revolução. Mas havia desenvolvido um sistema de comunicação eficaz, o qual informava os acontecimentos ao público e fornecia comentários a seu respeito. A comunicação até ajudou a constituir o público, porque os atos de transmitir e receber informação fomentavam uma consciência comum de envolvimento nas questões do país. O Caso dos Catorze proporciona uma oportunidade para estudar esse processo bem de perto. Revela a maneira como uma sociedade da informação funcionava quando a informação difundida pela palavra oral e pela poesia transmitia mensagens para o povo comum de forma bastante eficaz e muito antes da internet.

As canções e os poemas distribuídos pelos Catorze

1. "MONSTRE DONT LA NOIRE FURIE"

Nenhuma cópia dessa ode foi localizada. Num relatório da investigação, o tenente-general Berryer a distinguiu das outras odes trazidas à tona pela polícia e descreveu-a como o poema cujo autor ele, originalmente, pretendia capturar: "Depuis le 24 avril, il a paru une ode de 14 strophes contre ler roi intitulée 'L'Exil de M. Maurepas'" (Desde o dia 24 de abril, apareceu uma ode de catorze estrofes contra o rei, intitulada "O exílio de M. Maurepas"); Bibliothèque de l'Arsenal, ms. 11690, fólio 120. A polícia em geral a identificava, assim como aos demais poemas, por seu primeiro verso. Assim o comentário deles em outro relatório, ms. 11690, fólio 151; "'Monstre dont la noire furie', ou les vers sur l'exil de M. de Maurepas".

2. "QUEL EST LE TRISTE SORT DES MALHEUREUX FRANÇAIS"

Essa ode aparece em diversos *chansonniers* e em outras fontes, sem variações importantes no texto. Ver, por exemplo, Bibliothèque Historique de la Ville de Paris, ms. 649, pp. 13-5. É citada aqui a partir de *Vie privée de Louis XV, ou Principaux événements, particularités et anecdotes de son règne* (Paris, 1781), v. II, pp. 372-4, que tem algumas notas convenientes. Modernizei o francês neste texto e nos demais.

> *Quel est le triste sort des malheureux Français!*
> *Réduits à s'affliger dans le sein de la paix!*
> *Plus heureux et plus grands au milieu des alarmes,*
> *Ils répandaient leur sang, mais sans verser de larmes.*
> *Qu'on ne nous vante plus les charmes du repos:*
> *Nous aimons mieux courir à des périls nouveaux,*
> *Et vainqueurs avec gloire ou vaincus sans bassesse,*
> *N'avoir point à pleurer de honteuse faiblesse.*
> *Edouard* fugitif a laissé dans nos coeurs*
> *Le désespoir affreux d'avoir été vainqueurs.*
> *A quoi nous servait-il d'enchaîner la victoire?*
> *Avec moins de lauriers nous aurions plus de gloire.*
> *Et contraints de céder à la loi du plus fort,*
> *Nous aurions pu du moins en accuser le sort.*
> *Mais trahir Edouard, lorsque l'on peut combattre!*
> *Immoler à Brunswick** le sang de Henri Quatre!*
> *Et de George vaincu subir les dures lois!*
> *O Français! o Louis! o protecteurs des rois!*
> *Est-ce pour les trahir qu'on porte ce vain titre?*
> *Est-ce en les trahissant qu'on devient leur arbitre?*
> *Un roi qui d'un héros se déclare l'appui,*

---

* Petit-fils de Jacques II, Roi d'Angleterre, détrôné par le Prince d'Orange, son gendre.
** George de Brunswick-Hanovre [i.e., George II da Grã-Bretanha].

Doit l'élever au trône ou tomber avec lui.
Ainsi pensaient les rois que célèbre l'histoire,
Ainsi pensaient tous ceux à qui parlait la gloire.
Et qu'auraient dit de nous ces monarques fameux,
S'ils avaient du prévoir qu'un roi plus puissant qu'eux,
Appellant un héros au secours de la France,
Contractant avec lui la plus sainte alliance,
L'exposerait sans force aux plus affreux hasards,
Aux fureurs de la mer, des saisons et de Mars!
Et qu'ensuite unissant la faiblesse au parjure,
Il oublierait serments, gloire, rang et nature;
Et servant de Brunswick le système cruel,
Traînerait enchaîné le héros à l'autel!
Brunswick, te faut-il donc de si grandes victimes?
O ciel, lance tes traits; terre, ouvre tes abimes!
Quoi, Biron,* votre roi vous l'a-t-il ordonné?
Edouard, est-ce vous d'huissiers environné?
Est-ce vous de Henri le fils dignes de l'être?
Sans doute. A vos malheurs j'ai pu vous reconnaître.
Mais je vous reconnais bien mieux à vos vertus.
O Louis! vos sujets de douleur abattus,
Respectent Edouard captif et sans couronne:
Il est roi dans les fers, qu'êtes-vous sur le trône?
J'ai vu tomber le sceptre aux pieds de Pompadour!**
Mais fut-il relevé par les mains de l'amour?
Belle Agnès, tu n'es plus! Le fier Anglais nous dompte.
Tandis que Louis dort dans le sein de la honte,
Et d'une femme obscure indignement épris,

---

* Colonel des gardes-françaises [i.e., comandante dos guardas que prenderam o príncipe Edouard].
** Fille de Poisson, femme de Le Normant d'Étioles et maîtresse de Louis XV.

Il oublie en ses bras nos pleurs et nos mépris.
Belle Agnès,* tu n'es plus! Ton altière tendresse
Dédaignerait un roi flétri par la faiblesse.
Tu pourrais réparer les malheurs d'Édouard
En offrant ton amour à ce brave Stuard.
Hélas! pour t'imiter il faut de la noblesse.
Tout est vil en ces lieux, ministres et maîtresse:
Tous disent à Louis qu'il agit en vrai roi;
Du bonheur des Français qu'il se fait une loi!
Voilà de leurs discours la perfide insolence;
Voilà la flatterie, et voici la prudence:
Peut-on par l'infamie arriver au bonheur?
Un peuple s'affaiblit par le seul déshonneur.
Rome, cent fois vaincue, en devenait plus fière,
Et ses plus grands malheurs la rendaient plus altière.
Aussi Rome parvint à dompter l'univers.
Mais toi, lâche ministre,** ignorant et pervers,
Tu trahis ta patrie et tu la déshonores:
Tu poursuis um héros que l'univers adore.
On dirait que Brunswick t'a transmis ses fureurs;
Que ministre inquiet de ses justes terreurs
Le seul nom d'Edouard t'épouvante et te gêne.
Mais apprend quel sera le fruit de cette haine:
Albion*** sent enfin qu'Edouard est son roi,
Digne, par ses vertus de lui donner la loi.
Elle offre sur le trône asile à ce grand homme,
Trahi tout à la fois par la France et par Rome;
Et bientôt les Français, tremblants, humiliés,

---

* Agnes Sorel, maîtresse de Charles VII.
** M. d'Argenson, ministre de la guerre.
*** L'Angleterre.

> *D'un nouvel Edouard viendront baiser les pieds.*
> *Voilà les tristes fruits d'un olivier funeste*
> *Et de nos vains lauriers le déplorable reste!**

3. "peuple jadis si fier, aujourd'hui si servile"

Essa ode também é citada aqui a partir de *Vie privée de Louis XV*, v. II, pp. 374-5, junto com as notas que a acompanham. Pode, igualmente, ser encontrada em vários *chansonniers*, entre os quais o da Bibliothèque Historique de la Ville de Paris, ms. 649, p. 16.

> *Peuple jadis si fier, aujourd'hui si servile,***
> *Des princes malheureux vous n'êtes plus l'asile.*
> *Vos ennemis vaincus aux champs de Fontenoy,*
> *A leurs propres vainqueurs ont imposé la loi;*
> *Et cette indigne paix qu'Arragon*** vous procure,*
> *Est pour eux un triomphe et pour vous une injure.*
> *Hélas! auriez-vous donc couru tant de hasards*
> *Pour placer une femme**** au trône des Césars;*
> *Pour voir l'heureux Anglais dominateur de l'onde*
> *Voiturer dans ses ports tout l'or du nouveau monde;*
> *Et le fils de Stuart, par vous-même appelé,*
> *Aux frayeurs de Brunswick lâchement immolé!*
> *Et toi,***** que tes flatteurs ont pare d'un vain titre,*
> *De l'Europe en ce jour te diras-tu l'arbitre?*

* N.B.: La prédiction n'as pas eu lieu. Le Prince Édouard, retire à Rome, a perdu toute esperance de remonter sur le trône.
** Les français.
*** Nom du Plénipotentiaire *Saint-Séverin d'Arragon*.
**** La Reine de Hongrie.
***** Louis XV, dit le *Pacificateur de l'Europe*.

Lorsque dans tes États tu ne peux conserver
Un héros que le sort n'est pas las d'éprouver;
Mais qui, dans les horreurs d'une vie agitée,
Au sein de l'Angleterre à sa perte excité,
Abandonné des siens, fugitif, mis à prix,
Se vit toujours du moins plus libre qu'à Paris;
De l'amitié des rois exemple mémorable,
Et de leurs intérêts victime déplorable.
Tu triomphes, cher prince, au milieu de tes fers;
Sur toi, dans ce moment, tous les yeux sont ouverts.
Un peuple généreux et juge du mérite,
Va révoquer l'arrêt d'une race proscrite.
Tes malheurs ont changé les esprits prévenus;
Dans le coeur des Anglais tous tes droits sont connus.
Plus flatteurs et plus sûrs que ceux de ta naissance,
Ces droits vont doublement affermir ta puissance.
Mais sur le trône assis, cher prince, souviens-toi,
Que le peuple superbe et jaloux de sa foi
N'a jamais honoré du titre de grand homme
Um lâche complaisant des Français et de Rome.

4. "QU'UNE BÂTARDE DE CATIN"

Essa canção se desenvolveu em tantas versões que nenhum texto a representa de modo adequado, mas o exemplar a seguir, da Bibliothèque Historique de la Ville de Paris, ms. 580, fólios 248-9, datado de outubro de 1747, oferece um bom exemplo de uma versão antiga, copiada mais tarde num *chansonnier*. Vem acompanhada de notas copiosas na margem esquerda.

	1.
Sur Mme. d'Etiole, fille de M. Poisson mariée à M. d'Etiole, sous fermier, neveu de M. Normand, qui avait été amant de Mme. Poisson. Maîtresse de Louis XV, faite marquise de Pompadour et son mari fermier général.	*Qu'une bâtarde de catin* *A la cour se voit avancée,* *Que dans l'amour ou dans le vin* *Louis cherche une gloire aisée,* *Ah! le voilà, ah! le voici* *Celui qui n'en a nul souci.*
	2.
Sur M. le Dauphin, fils de Louis XV.	*Que Monseigneur le gros Dauphin* *Ait l'esprit comme la figure* *Que l'État craigne le destin* *D'un second monarque em* [*peinture.* *Ah! le voilà, etc.*
	3.
Sur M. de Vandières, frère de Mme. d'Etiole, marquise de Pompadour, reçu en survivance de la charge de Contrôleur des bâtiments du roi que M. le Normand de Tournehem son oncle avait, qui mourut em 1752.	*Qu'ébloui par un vain éclat* *Poisson tranche du petit maître* *Qu'il pense qu'à la cour un fat* *Soit difficile à reconnaître.*
Sur le maréchal de Saxe, mort à Chambord em 1751.	4. *Que Maurice ce fier à bras* *Pour avoir contraint à se rendre* *Villes qui ne résistaient pas* *Soit plus exalté qu'Alexandre.*

	5.
Sur le maréchal de Belle-Isle, qui commandait l'armée en Provence en 1747.	*Que notre héros à projets* *Ait vu dans sa lâche indolence* *A la honte du nom français* *Les Hongrois piller la Provence*
	6.
M. d'Aguesseau de Fresne.	*Que le chancelier décrépit* *Lâche la main à l'injustice* *Que dans le vrai il ait un fils* *Qui vende même la justice.*
	7.
Ministre de la marine, Secrétaire d'État.	*Que Maurepas, St. Florentin* *Ignorent l'art militaire* *Que ce vrai couple calotin* *A peine soit bon à Cythère.*
	8.
Ministre de la guerre.	*Que D'Argenson en dépit d'eux* *Ait l'oreille de notre maître* *Que du débris de tous les deux* *Il voie son crédit renaître.*
	9.
L'ancien évêque de Mirepoix, qui a la feuille des bénéfices. Il a été précepteur du dauphin, fils de Louis XV. Mort à Paris le 20 août 1755.	*Que Boyer, ce moine maudit* *Renverse l'État pour la bulle* *Que par lui le juste proscrit* *Soit victime de la formule.*

	10.
Premier Présidente du Parlement de Paris.	*Que Maupeou plie indignement* *Ses genoux devant cette idole* *Qu'à son exemple le Parlement* *Sente son devoir et le viole.*
	11.
Conseilleur d'État ordinaire et ministre des affaires étrangères, Contrôleur général des finances.	*Que Puisieulx en attendant* *Embrouille encore plus les affaires* *Et que Machault en l'imitant* *Mette le comble à nos misères.*

12.
Sur ces couplets qu'un fier censeur
A son gré critique et raisonne
Que leurs traits démasquent
                                             [*l'erreur*
Et percent jusqu'au trône.

5. "SANS CRIME ON PEUT TRAHIR SA FOI"

Esse decreto parlamentar burlesco foi dado a Hallaire por Guyard e encontrado num dos bolsos de Hallaire durante seu interrogatório na Bastilha. É citado com base na Bibliothèque de l'Arsenal, ms. 11690, fólio 89.

Apostille du Parlement de Toulouse à l'enregistrement de l'édit du vingtième

Sans crime on peut trahir sa foi,

Chasser son ami de chez soi,
Du prochain corrompre la femme,
Piller, voler n'est plus infâme.
Jouir à la fois des trois soeurs
N'est plus contre les bonnes moeurs.
De faire ces métamorphoses
Nos ayeux n'avaient pas l'esprit;
Et nous attendons un édit
Qui permette toutes ces choses.

SIGNÉ: DE MONTALU, PREMIER PRÉSIDENT

6. "LÂCHE DISSIPATEUR DES BIENS DE TES SUJETS"

Essa ode, de tom similar ao das outras duas, mas mencionada com menos frequência nas fontes, é citada aqui com base num dos *chansonniers* da Bibliothèque Historique de la Ville de Paris, ms. 649, pp. 47-8.

Vers satiriques sur le roi
Lâche dissipateur des biens de tes sujets,
Toi qui comptes tous les jours par les maux que tu fais,
Esclave d'un ministre et d'une femme avare,
Louis, apprends le sort que le ciel te prépare.
Si tu fus quelque temps l'objet de notre amour,
Tes vices n'étaient pas encore dans tout leur jour.
Tu verras chaque instant ralentir notre zèle,
Et souffler dans nos coeurs une flamme rebelle.
Dans les guerres sans succès désolant tes états,
Tu fus san généraux, tu seras sans soldats.
Toi que l'on appelait l'arbitre de la terre,
Par de honteux traités tu termines la guerre.

Parmi ces histrions qui règnent avec toi,
Qui pourra desormais reconnaître son roi?
Tes trésors sont ouverts à leurs folles dépenses;
Ils pillent tes sujets, épuisent tes finances,
Moins pour renouveler tes ennueyeux plaisirs
Que pour mieux assouvir leurs infâmes désirs.
Ton État aux abois, Louis, est ton ouvrage;
Mais crains de voir bientôt sur toi fondre l'orage.
Des maux contagieux qu'empoisonnent les airs
Tes campagnes bientôt deviennent des déserts,
La désolation règne en toutes les villes,
Tu ne trouveras plus des âmes assez viles
Pour oser célébrer tes prétendus exploits,
Et c'est pour t'abhorrer qu'il reste des François:
Aujourd'hui ont élevé en vain une statue,
A ta mort, je la vois par le peuple abattue.
Bourrelé de remords, tu descends au tombeau.
La superstition dont le pale flambeau
Rallume dans ton coeur une peur mal éteinte,
Te suit, t'ouvre l'Enfer, seul objet de ta crainte.
Tout t'abandonne, enfin, flatteurs, maîtresse, enfants.
Un tyran à la mort n'a plus de courtisans.

Textos de "Qu'une bâtarde de catin"

Conforme explicado no capítulo 10, o texto desta canção se modificou tanto no decurso de sua transmissão que nenhuma versão específica pode ser aceita como definitiva — e é isso que torna seu estudo tão revelador, pois, ao perceber pequenas diferenças, podemos ver como uma canção se desenvolvia ao longo de um processo coletivo de comunicação oral (e às vezes escrita). Localizei nove exemplares manuscritos:

1. Bibliothèque de l'Arsenal, ms. 11690, fólios 67-8. Esse foi o exemplar encontrado no bolso de Guyard durante seu interrogatório na Bastilha. Intitula-se "Echos de la cour: Chanson" e tem estrofes numeradas de 1 até 20; mas faltam as estrofes 5, 6 e 7.

2. Bibliothèque de l'Arsenal, ms. 11683, fólio 134. É o mais antigo dos dois exemplares apreendidos pela polícia durante a revista no apartamento de Mairobert. Intitula-se "L'État de la France, sur l'air Mon amant me fait la cour" e tem onze estrofes.

3. Bibliothèque de l'Arsenal, ms. 11683, fólio 132. Esse exemplar, também do dossiê de Mairobert nos arquivos da Bastilha,

contém estrofes mais recentes; as mais antigas vêm indicadas apenas por seus primeiros versos. Está rabiscado numa única tira de papel sem título e contém 23 estrofes ao todo.

4. Bibliothèque Nationale de France, Chansonnier dit de Clairambault, ms. fr. 12717, pp. 1-3. Esse exemplar intitula-se "Chanson dur l'air Quand mon amant me fait sa cour. État de la France en août 1747" e contém onze estrofes.

5. Bibliothèque Nationale de France, ms. fr. 12718. Esse exemplar, do mesmo *chansonnier* no volume de 1748, é datado de "août 1748". Não apresenta título e contém apenas seis estrofes, todas novas.

6. Bibliothèque Nationale de France, ms. fr. 12719. Esse exemplar vem do volume seguinte do mesmo *chansonnier* e é datado de "février 1749". Não traz título, mas é identificado como uma "suíte" (continuação) da canção anterior e contém onze estrofes, algumas delas novas.

7. Bibliothèque Historique de la Ville de Paris, ms. 648, pp. 393-6. Esse exemplar no volume de um *chansonnier* dos anos 1745-8 intitula-se "Chanson satirique sur les princes, princesses, seigneurs et dames de la cour sur l'air Dirai-je mon Confiteor". Tem quinze estrofes.

8. Bibliothèque Historique de la Ville de Paris, ms. 649, pp. 70-4. Esse exemplar vem do volume seguinte do mesmo *chansonnier* e intitula-se "Chanson sur l'air Ah! le voilà, ah! le voici". Tem onze estrofes, algumas delas novas.

9. Bibliothèque Historique de la Ville de Paris, ms. 580, fólios 248-9. Esse exemplar vem de outro *chansonnier*. Não tem título, exceto pela palavra "Air", e está datado de "octobre 1747" na margem esquerda, que apresenta também notas minuciosas identificando todas as pessoas satirizadas. Contém doze estrofes.

Duas outras versões do texto foram impressas, diferentes entre si e diferentes das citadas acima: uma em Emile Raunié, *Chansonnier historique du XVIIIᵉ siècle* (Paris, 1879-84), v. VII, pp. 119-27; a outra em *Recueil dit de Maurepas: Pièces libres, chansons, épigrammes et autres vers satiriques* (Leiden, 1865), v. VI, pp. 120-2.

A título de exemplo de como o texto se modificou no decurso de sua transmissão, aqui estão sete versões da estrofe que satiriza o marechal de Belle-Isle, que não conseguiu reunir seu exército com rapidez e expulsar as tropas austríacas e sardas (a referência aos húngaros evocava Maria Theresa da Áustria, que era rainha da Hungria) depois que elas invadiram a Provença em novembro de 1746:

1. Bibliothèque de l'Arsenal, ms. 11690, fólio 67

Que notre moulin à projets
Ait vu dans sa molle indolence
A la honte du nom français
Le Hongrois ravager la Provence

2. Bibliothèque de l'Arsenal, ms. 11683, fólio 134

Que notre héros à projets
Ait vu dans la lâche indolence
A la honte du nom français
Le Hongrois piller la Provence

3. Bibliothèque Nationale de France, ms. 12717, p. 1.

Que notre héros à projets
Ait vu dans sa lâche indolence
A la honte du nom français
Le Hongrois piller la Provence

4. Bibliothèque Nationale de France, ms. 12719, p. 83

Que notre moulin à projets
Ait vu dans sa molle indolence
A la honte du nom français
Les Hongrois quitter la Provence

5. Bibliothèque Historique de la Ville de Paris, ms. 648, p. 393

Que notre héros à projets
Ait vu dans sa lâche indolence
A la honte du nom français
Les Hongrois piller la Provence

6. Bibliothèque Historique de la Ville de Paris, ms. 649, p. 70

Que notre moulin à projets
Ait vu dans sa molle indolence
A la honte du nom français
Les Hongrois quitter la Provence

7. Bibliothèque Historique de la Ville de Paris, ms. 580, p. 248

Que notre héros à projets
Ait vu dans sa lâche indolence
A la honte du nom français
Les Hongrois piller la Provence

A poesia e a queda de Maurepas

O incidente relativo a Pompadour e aos jacintos brancos, considerado por muitos contemporâneos como o estopim da queda de Maurepas, é recontado no *Journal et mémoires du marquis D'Argenson*, organizado por E.-J.-B. Rathery (Paris, 1862; v. v, p. 456), no qual a canção aparece assim:

> *Par vos façons nobles et franches,*
> *Iris, vous enchantez nos coeurs;*
> *Sur nos pas vous semez des fleurs,*
> *Mais ce sont des fleurs blanches.*

(Sobre a importância da referência a *fleurs blanches*, ver capítulo 5.)

Um relato semelhante ocorre em *Vie privée de Louis XV, ou Principaux événements, particularités et anecdotes de son règne* (Paris, 1781), v. II, p. 303, que diz que a versão seguinte da canção apareceu num bilhete colocado embaixo do guardanapo de Pompadour, num jantar:

La marquise a bien des appas;
Ses traits son vifs, ses grâces franches,
Et les fleurs naissent sous ses pas:
Mais, hélas! ce sont des fleurs blanches.

Um relato mais completo do incidente, com outra versão da canção, aparece num *chansonnier* da Bibliothèque Historique de la Ville de Paris, ms. 649, pp. 121 e 126:

Anecdotes sur la disgrâce de M. le comte de Maurepas
Le roi dit un jour à M. de Maurepas qu'il se débitait bien des mauvais vers dans Paris. Ce ministre fit réponse que M. Berryer faisait bien la police, mais que M. d'Argenson père du ministre de la guerre n'avait jamais pu empêcher de débiter tous les mauvais écrits qui se faisaient contre Louis XIV; que ceux qui paraissaient aujourd'hui n'étaient que depuis le retour de M. le duc de Richelieu de Gênes, ce qui arrêta un peu S.M., laquelle témoigna beaucoup de froid à ce duc, lequel prit le moment où le roi était seul et supplia S.M. de lui en dire le motif. Le roi lui déclara ce que M. de Maurepas lui avait dit, ce qui piqua M. le duc de Richelieu, qui dit au roi qu'il découvrirait l'auteur. Ce duc pria un faux frère d'aller souper chez Mme. la duchesse D'Aiguillon, où le ministre allait tous les jours. Etant entre la poire et le fromage, on chanta et débita les vers livres et satiriques à l'ordinaire, et le faux frère, ayant découvert tout, s'en fut trouver M. le duc de Richelieu pour lui rendre compte de ce qu'il avait entendu, ce que ce duc fut reporter au roi dans le moment...

Chanson
A l'occasion d'un bouquet de fleurs blanches que Mme. la marquise de Pompadour présenta au roi aux petits châteaux, qu'elle avait cueilli elle-même dans le jardin. On a prétendu que c'était ce bouquet qui avait causé la disgrâce de M. de Maurepas, attendu qu'il n'y avait

dans ce jardin que M. le duc de Richelieu et lui qui eussent connaissance de ce fait, et que le jour même on trouva cette chanson sur une des cheminées des apartements, d'où l'on a inféré que c'était M. de Maurepas qui l'avait faite.

Sur l'air [nome não citado]
> *Vos manières nobles et franches,*
> *Pompadour, vous enchaîne les coeurs;*
> *Tous vos pas sont semés de fleurs,*
> *Mais ce sont des fleurs blanches.*

Outra versão desse poema, descrita também numa canção, aparece nas *nouvelles à la main* [notícias manuscritas] produzidas pelo salão de Mme. M.-A. Legendre Doublet, Bibliothèque Nationale de France, ms. fr. 13709, fólio 42v:

Sur l'air Quand le péril est agréable
> *Pour vos façons nobles et franches,*
> *Poisson, vous charmez tous les coeurs;*
> *Sur vos pas vous semez les fleurs*
> *Mais ce sont les fleurs blanches.*

O rastro dos Catorze

O relatório seguinte, sem assinatura, mas obviamente preparado por alguém da polícia, resume a investigação. Provém dos documentos do Caso dos Catorze na Bibliothèque de l'Arsenal, ms. 11690, fólios 150-1.

Juillet 1749 A reçu l'ode d'Edouard, prêtre.	*Affaire concernant les vers* *Bonis*, natif de Montignac en Périgord, bachelier de la faculté de médecine de Bordeaux, gouverneur des srs. le Saige, pensionnaires au Collège des Jésuites. Arrêté le 4 juillet.
A donné l'ode à Bonis, l'a reçue de Montange.	*Edouard*, prêtre du diocèse d'Autun, habitué à la paroisse St. Nicolas des Champs. Arrêté le 5 juillet.

A donné l'ode à Edouard, l'a reçue de Dujast.	*Inguimbert de Montange*, natif du Comtat, prêtre et bachelier de la maison de Navarre, parent de l'évêque de Carpentras. Arrêté le 8 juillet.
A donné l'ode à Montange, l'a reçue de Hallaire.	*Dujast*, natif de Lyon, diacre chanoine d'Oléron, licencié de la maison de Navarre. Arrêté le 8 juillet.
A donné l'ode à Dujast, l'a reçue de Jouret, a dit de plus avoir reçu de l'abbé Guyard les vers sur le Prétendant, ceux sur le vingtième, et les "Echos de la cour".	*Hallaire*, natif de Lyon, âgé de 18 ans, étudiant en droit. Arrêté le 9 juillet.
A donné l'ode à Hallaire, l'a reçue de Du Chaufour.	*Jouret*, natif de Paris, âgé de 18 ans, clerc d'un procureur du Grand Conseil. Arrêté le 9 juillet.
A donné à Hallaire les vers sur le vingtième. A reçu et écrit sous la dictée de Sigorgne ceux qui commencent "Quel est le triste sort des malheureux Français" et "Sans crime on peut trahir sa foi". A reçu de Baussancourt les "Echos de la cour", lequel lui a lu "Peuple jadis si fier, aujourd'hui si servile". A reçu de l'abbé Le Mercier la chanson sur	*L'abbé Guyard*, demeurant au Collège de Bayeux, dénoncé par Hallaire pour d'autres vers que l'ode. Arrêté le 10 juillet.

la cour "Ah! le voici, Ah! le voilà" [sic: essa é a mesma da de "Echos de la cour"].

A donné l'ode à Jouret, l'a reçue de Varmont, qui dans la classe la lui a dictée de mémoire.

Du Chaufour, natif de Paris, âgé de 19 ans, étudiant en philosophie au Collège d'Harcourt, dénoncé pour l'ode par Jouret.
Arrêté le 10 juillet.

A donné à Guyard la chanson sur la cour "Ah! le voici, ah! le voilà" [sic]. L'a reçue de Théret séminairiste de Saint Nicolas du Chardonnet, qui lui a aussi donné les vers "Quel est le triste sort des malheureux Français" et "Peuple jadis si fier, à présent si servile".

L'abbé Le Mercier, sous diacre du diocèse d'Angers, maître des arts, dénoncé par l'abbé Guyard pour d'autres vers que l'ode.
Arrêté le 10 juillet.

A donné à Guyard les "Echos de la cour" et "Peuple jadis si fier". A reçu du sr. Langlois de Guérard, conseiller au Grand Conseil, "Peuple jadis si fier". A reçu du sr. Menjot, fils du maître des comptes, les "Echos de la cour".

L'abbé de Baussancourt, natif d'Haguenau en Alsace, prêtre et docteur de Sorbonne, dénoncé par Guyard pour d'autres vers que l'ode.
Arrêté le 12 de juillet.

A nié par son interrogatoire d'avoir composé, ni eu en sa possession, ni dicté à personne aucuns vers contre le roi.

L'abbé Sigorgne, diacre du diocèse de Toul, Professeur de philosophie au Collège du Plessis, dénoncé par les abbés Guyard e Baussancourt pour d'autres vers que l'ode.
Arrêté le 16 juillet.

Déclare que Varmont fils lui a donné trois pièces de vers, savoir: l'ode sur l'exil de M. de Maurepas, "Quel est le triste sort des malheureux, etc.", "Lâche dissipateur, etc.". Nie les avoir donnés à personne.

Le sr. Maubert, étudiant en philosophie.
Arrêté le 19 juillet.

A averti le sr. Varmont que Du Chaufour était arrêté, au moyen de quoi il s'est évadé le 10 juillet.

Le sr. Tranchet, clerc de notaire, qui servait de mouche à D'Hémery.
Arrêté le 19 juillet.

Déclare avoir récité par coeur à Varmont fils les vers "Lâche dissipateur du bien de tes sujets" que Varmont a pu retenir de mémoire. Ne se souvient pas qui les lui a donnés.

Le sr. Du Terraux.
Arrêté le 25 juillet.

A dit qu'il a dicté en classe à Du Chaufour les vers, "Monstre dont la noire furie" ou les vers sur l'exil de M. de Maurepas, qu'il tenait de Maubert de Freneuse, qui les lui avait dictés en présence de son autre frère Maubert, qui est arrêté. A eu aussi "Quel est le triste sort des malheureux Français" par Ladoury, clerc de procureur, et ceux, "Lâche dissipateur du bien de tes sujets" par le sr. Du Terraux.

Varmont fils a fait sa déclaration le 26 juillet.

A popularidade das melodias

Um dos aspectos mais intrigantes e menos compreendidos da história da comunicação envolve a força da melodia. A maioria das pessoas, na maior parte das sociedades, compartilha um repertório comum de melodias, que é peculiar à sua cultura e que elas trazem na memória. Qualquer que seja a origem de tais canções — religiosa, comercial, operística, patriótica ou (na falta de palavra melhor) "tradicional" —, elas têm uma poderosa capacidade de transmitir mensagens. Fixam-se na memória coletiva e funcionam como instrumentos mnemônicos, particularmente em sociedades com baixo índice de alfabetização. Ao improvisar letras novas em melodias antigas, os menestréis podem enviar mensagens por meio dos circuitos de comunicação oral. O Caso dos Catorze oferece uma rara oportunidade para estudar esse processo bem de perto e abordar uma questão a ele relacionada: qual era o corpus das melodias conhecidas do parisiense médio em meados do século XVIII?

Essa questão não pode ser respondida de forma definitiva, mas os *chansonniers* nos arquivos parisienses contêm centenas de referências às melodias das canções que eram cantadas nas ruas todos os dias, ao longo do século XVIII. Quem examina os *chansonniers* fica impressionado com as variações na incidência das melodias. Algumas eram sucessos que se difundiam rapidamente durante alguns meses e depois desapareciam de todo. "Les Pantins", por exemplo, foi usada para toda sorte de canção em 1747, quando houve uma voga dos fantoches de papelão chamados de *pantins*, mas se extinguiu por si mesma em 1748.* Um ano depois surgiu um sucesso semelhante, "La Béquille du père Barnaba", que durou poucos meses. Algumas melodias — "Dirai-je mon Confiteor", "Lampons" e "Réveillez-vous, belle endormie" — remontam ao início do século e provavelmente a ainda bem antes disso.** Mas a maior parte das melodias parece ter tido um tempo de vida

---

* A melodia original, conhecida como "Les Pantins", parece ter sido composta para um espetáculo de fantoches, que incluía a seguinte estrofe (Bibliothèque Historique de la Ville de Paris, ms. 648, p. 288):

> *Il n'est aucun particulier*
> *Qui n'eut chez lui, ne fit danser sans cesse*
> *Marionnettes de papier*
> *Et magots de carton coupés de toutes espèces.*

A popularidade da melodia é mencionada numa das canções que a usaram para protestar contra a supressão da resistência parlamentar à bula papal *Unigenitus* (Bibliothèque Nationale de France, ms. fr. 12716, p. 147): "Chanson sur l'air des Pantins sur le Parlement de Paris au sujet de son arrêté du 17 février dernier sur la Constitution Unigenitus":

> *Chantons sur l'air des Pantins,*
> *Puisque c'est l'air à la mode;*
> *Chantons sur l'air des Pantins,*
> *Les hauts faits de nos robins.*

** Ver a referência a tais canções em *La Clef des chansonniers, ou Recueil de vaudevilles depuis cent ans et plus, notés et recueillis pour la première fois par J.-B.-Christophe Ballard* (Paris, 1717), 2 v., v. I, pp. 32, 124 e 130.

de uma ou duas décadas e, até onde sei, todas aquelas que eram populares na década de 1740 estão hoje esquecidas.

Um *chansonnier* especialmente rico na Bibliothèque Historique de la Ville de Paris (ms. 646-50) pode servir como índice das melodias mais populares da década de 1740. Seus cinco grossos volumes contêm dúzias de canções, embora sejam compostas com base em apenas 103 melodias. Dessas, as seguintes, identificadas por seus títulos convencionais, apareciam com mais frequência:

"Joconde"   18 ocorrências
"Prévôt des marchands"   17
"Tous les capucins du monde"   15
"Les Pendus"   11
"Voilà ce que c'est d'aller au bois"   9
"Les Pantins"   7
"Dirai-je mon Confiteor"   4
"La Coquette sans le savoir"   4
"Jardinier, ne vois-tu pas"   4
"Ton humeur est Catherine"   4
"Eh, y allons donc, Mademoiselle"   4
"Le Carrillon de Dunkerque"   4
"Lampons"   3
"Biribi" ou "A la façon de Barbarie"   3
"La Béquille du père Barnaba"   3
"Nous jouissons dans nos hameaux"   3
"Vous m'entendez bien"   3
"Or, vous dîtes, Marie"   3
"Les Pierrots"   3

"Dirai-je mon Confiteor", a melodia da canção que atacava Mme. de Pompadour como "*une bâtarde de catin*" não aparece no topo da lista, mas ocupa um lugar perto do meio, junto com cinco de uma outra dúzia de canções que podem ser ouvidas em <www.hup.harvard.edu/features/darpoe>.

Outro modo de medir a popularidade relativa da dúzia de melodias consiste em seguir seu rastro ao longo dos dois maiores *chansonniers* na Bibliothèque Nationale de France: o "Chansonnier Clairambault" (ms. fr. 12707-20, catorze volumes que recobrem os anos de 1737-50) e o "Chansonnier Maurepas" (ms. fr. 12635-50, seis volumes que abrangem os anos de 1738-47). Embora os *chansonniers* sejam de caráter diferente, mostram a mesma incidência no uso das doze melodias:

OCORRÊNCIAS EM CLAIRAMBAULT	TÍTULO	OCORRÊNCIAS EM MAUREPAS
14	Dirai-je mon Confiteor	9
9	Réveillez-vous, belle endormie	6
7	Lampons	5
6	Les Pantins	4
5	Biribi	4
4	La Coquette sans le savoir	4
2	Les Trembleurs	1
1	Messieurs nos généraux	1
1	Haïe, haïe, haïe, Jeannette	1
1	La Mort pour les malheureux	0
0	Tes beaux yeux, ma Nicole	0
0	Où est-il, ce petit nouveau-né?	0

A base estatística é pequena demais para permitir qualquer conclusão importante a partir desse material, mas acho justo dizer que a canção de maior destaque no Caso dos Catorze, "Qu'une bâtarde de catin", foi composta para uma das melodias mais populares entre os parisienses por volta de 1750: "Dirai-je mon Confiteor".

A canção que precipitou a queda do ministério de Maurepas, "Par vos façons nobles et franches", também foi cantada com uma melodia muito popular, "Réveillez-vous, belle endormie". As doze canções que figuram no site mencionado são bons exemplos de como as opiniões sobre os fatos atuais eram transmitidas por meio da música, embora algumas letras não estivessem associadas às melodias mais populares. Tomadas em conjunto, elas oferecem uma amostragem bastante representativa das melodias que a maioria dos parisienses cantarolava em meados do século XVIII. Nenhuma linha de causalidade direta ligava cantarolar a cantar propriamente, nem ligava cantar a pensar, mas tantas associações e afinidades prendiam a música às palavras que os Catorze tocavam numa zona poderosa na consciência coletiva.

Um cabaré eletrônico:
Canções de rua de Paris, 1748-50
Cantadas por Hélène Delavault

LETRAS E APRESENTAÇÃO

A página da internet <www.hup.harvard.edu/features/darpoe> disponibiliza para download uma dúzia das muitas canções que se podiam ouvir em toda parte, em Paris, na época do Caso dos Catorze. Suas letras foram transcritas com base em *chansonniers* contemporâneos, e suas melodias, identificadas pelos primeiros versos ou pelo título das canções, provêm de fontes do século XVIII coligidas no Département de Musique da Bibliothèque Nationale de France. Foram gravadas por Hélène Delavault, acompanhada ao violão por Claude Pavy. Cantores de rua, na Paris do século XVIII, muitas vezes bradavam suas canções com o acompanhamento de rabecas ou de realejos. A interpretação da srta. Delavault não pode, portanto, ser tomada como uma réplica exata do que os parisienses ouviam por volta de 1750, mas apresenta uma versão aproximada da dimensão oral das mensagens que fluíam pelos circuitos de comunicação do Ancien Régime.

Só as duas primeiras canções têm uma ligação direta com o Caso dos Catorze. As outras transmitem os mesmos temas por meio da música que varia em teor, desde baladas de bebedeira até árias de ópera e cantos de Natal. Algumas ilustram a maneira como os menestréis usavam os fatos do momento, como a Batalha de Lawfeldt e a proclamação da Paz de Aix-la-Chapelle em suas letras. Elas não são necessariamente hostis ao governo, embora costumem zombar de ministros e cortesãos de um modo que exprimia as rivalidades políticas em Versailles. A maioria tomava Mme. de Pompadour como alvo. A tendência para fazer trocadilhos com seu nome de solteira, Poisson, as tornou conhecidas como *Poissonades*, sugerindo alguma afinidade com as *Mazarinades*, cujo alvo era o cardeal Mazarino durante a Fronda de 1648-53.

1. A canção que derrubou o ministério de Maurepas: "Par vos façons nobles et franches", composta com base na melodia de "Réveillez-vous, belle dormeuse" e "Quand le péril est agréable".

    1A. Uma versão tradicional, doce e plangente
Réveillez-vou, belle dormeuse,   Desperta, bela que dorme,
Si mes discours vous font plaisir.   Se minhas palavras lhe dão
                                        [prazer.

Mais si vous êtes scrupuleuse,   Mas se és escrupulosa,
Dormez, ou feignez de dormir.   Dorme, ou finge dormir.

Fonte: *La Clef des chansonniers, ou Récueil de vaudevilles depuis cent ans et plus* (Paris, 1717), v. I, p. 130.

    1B. Uma paródia apolítica
Sur vos pas, charmante duchesse,   Em teus passos, encantadora
                                        [duquesa,

Au lieu des grâces et des ris	Em lugar de graças e risos,
L'amour fait voltiger sans cesse	O amor faz rodopiar o tempo [todo
Un essaim de chauve-souris	Um enxame de morcegos.

Fonte: Bibliothèque Nationale de France, ms. fr. 13705, fólio 2.

1C. O ataque contra Mme. de Pompadour

Par vos façons nobles et franches,	Por tuas maneiras nobres e [francas,
Iris, vous enchantez nos coeurs;	Iris, tu encantas nossos corações;
Sur nos pas vous semez des fleurs.	Em nossos passos, tu semeias [flores.
Mais ce sont des fleurs blanches.	Mas são flores brancas.

Fonte: E.-J.-B. Rathery (Org.), *Journal et mémoires du marquis D'Argenson* (Paris, 1862), v. v, p. 456.

2. Uma canção como crônica dos fatos do momento: "Qu'une bâtarde de catin", com a melodia de "Dirai-je mon Confiteor" e "Quand mon amant me fait la cour".

2A. Uma versão convencional: corte e amor

Quand mon amant [me fait la cour,	Quando meu amante [me faz a corte,
Il languit, il pleure, il soupire,	Enlanguesce, chora, suspira,
Et passe avec moi tout le jour	E passa o dia inteiro comigo
A me raconter son martyre.	A me contar seu martírio.
Ah! S'il le passait autrement,	Ah! Se passasse de outro modo,
Il me plairait infiniment.	Ele me agradaria infinitamente.

De cet amant plein de froideur	Para esse amante cheio de frieza
Il faut que je me dédommage;	Preciso achar uma [compensação.
J'en veux un, qui de mon ardeur	Quero um que de meu ardor
Sache faire un meilleur usage,	Saiba fazer melhor uso,
Qu'il soit heureux à chaque [instant,	Que ele seja feliz a todo [instante
Et qu'il ne soit jamais content.	E que nunca esteja satisfeito.

Fonte: *Le Chansonnier français, ou Récueil de chansons, ariettes, vaudevilles et autres couples choisis, avec les airs notés à la fin de chaque recueil* (sem local nem data de publicação), v. VIII, pp. 119-20.

2B. Uma versão adaptada à política da corte. Entre as muitas versões dessa mesma canção popular, ver "As canções e os poemas distribuídos pelos Catorze" e "Textos de 'Qu'une bâtarde de catin'", (neste volume). A gravação de Hélène Delavault inclui apenas as primeiras cinco estrofes da versão a seguir.

SOBRE MME. DE POMPADOUR E LUÍS XV:

Qu'une bâtarde de catin	Que uma prostituta bastarda
A la cour se voit avancée,	Abra caminho na corte,
Que dans l'amour et dans le vin	Que no amor e no vinho
Louis cherche une gloire aisée,	Luís busque uma glória fácil,
Ah! Le voilà, ah!, le voici,	Ah! Aí está, ah! cá está,
Celui qui n'en a nul souci.	Aquele que não se importa com [nada.

SOBRE O DELFIM:

Que Mongr. le gros Dauphin	Que o gordo monsenhor delfim
Ait l'esprit comme la figure	Tenha o espírito como a figura

Que l'État craigne le destin
D'un second monarque en
                    [peinture,
Ah! Le voilà, etc.

Que o Estado tema o destino
De um segundo monarca
                    [pintado,
Ah! Aí está etc.

SOBRE O IRMÃO DE POMPADOUR:

Qu'ébloui par un vain éclat,
Poisson tranche du petit maître,

Qu'il pense qu'à la cour un fat

Soit difficile à reconnaître

Que cego por um vão esplendor,
Poisson se porte como um
                    [dândi,
Que ele pense que na corte um
                    [tolo
Seja difícil de reconhecer.

SOBRE O MARECHAL DE SAXE:

Que Maurice ce fier à bras
Pour avoir contraint à se rendre
Villes qui ne résistaient pas
Sois plus exalté qu'Alexandre

Que Maurice bravo e forte
Por ter coagido a se renderem
Cidades que não resistiram
Seja mais exaltado do que
                    [Alexandre

SOBRE O MARÉCHAL DE BELLE-ISLE:

Que notre héros à projets
Ait vu dans sa lâche indolence

A la honte du nom français
Les Hongrois piller la Provence

Que nosso herói dos projetos
Tenha visto, em sua débil
                    [indolência,
Para vergonha do nome francês
Os húngaros pilharem a Provença.

SOBRE O CHANCELER D'AGUESSEAU:

Que le Chancelier décrépit
Lâche la main à l'injustice
Que dans le vrai il ait un fils
Qui vende même la justice

Que o chanceler decrépito
Afrouxe a mão para a injustiça
Que na verdade ele tem um filho
Que até vende a justiça

SOBRE OS MINISTROS MAUREPAS E ST. FLORENTIN:

Que Maurepas, St. Florentin   Que Maurepas, St. Florentin
Ignorent l'art militaire   Ignoram a arte militar
Que ce vrai couple calotin   Que tal dupla de santarrões
A peine soit bon à Cythère   De nada são capazes na cama.

SOBRE O CONDE D'ARGENSON, MINISTRO DA GUERRA:

Que D'Argenson en dépit d'eux   Que D'Argenson, apesar deles,
Ait l'oreille de notre maître   Receba a atenção de nosso [mestre
Que du débris de tous les deux   Que das ruínas dos dois
Il voie son crédit renaître   Ele veja seu crédito renascer

SOBRE BOYER, FUNCIONÁRIO DA IGREJA ENCARREGADO DAS INDICAÇÕES PARA OS BENEFÍCIOS:

Que Boyer, ce moine maudit   Que Boyer, esse monge maldito
Renverse l'État pour la bulle   Subverta o Estado pela bula [*Unigenitus*]
Que par lui le juste proscrit   Que por ele o justo proscrito
Soit victime de la formule   Seja vítima da fórmula [a exigida renúncia ao jansenismo]

SOBRE MAUPEOU, PRIMEIRO PRESIDENTE DO PARLAMENTO DE PARIS:

Que Maupeou plie indignement   Que Maupeou dobre [indignamente
Ses genoux devant cette idole   Seus joelhos diante desse ídolo [Pompadour]
Qu'à son exemple le Parlement   Que a seu exemplo o Parlamento
Sente son devoir et le viole   Sinta seu dever e o viole

SOBRE PUISIEULX E MACHAULT, MINISTROS DE ASSUNTOS ESTRANGEIROS E DAS FINANÇAS:

Que Puisieulx en attendant	Que Puisieulx enquanto espera
Embrouille encore plus les affaires	Embrulhe as coisas mais ainda
Et que Machault en l'imitant	E que Machault, imitando-o,
Mette le comble à nos misères	Arremate nossas misérias
Que ces couplets qu'un fier censeur	Estas estrofes que um censor feroz
A son gré critique et raisonne	À sua vontade critica e analisa
Que leurs traits démasquent [*l'erreur*	Que seus traços [desmascarem o erro
Et percent jusqu'au trône	E penetrem até o trono

Fonte: Bibliothèque Historique de la Ville de Paris, ms. 580, fólios 248-9.

3. Uma canção sobre um acontecimento: a Batalha de Lawfeldt, 2 de julho de 1747, entre os franceses e os exércitos aliados, comandados pelo duque de Cumberland, filho de George II. Embora Cumberland não tenha sido derrotado de forma categórica, retirou suas tropas do campo de batalha e os franceses saudaram o desfecho como uma vitória. Cantada com a melodia de "Les Pantins".

Tout Paris est bien content.	Paris inteira está contente.
Le roi s'en va en Hollande.	O rei vai para a Holanda.
Tout Paris est bien content.	Paris inteira está contente.
On a frotté Cumberland.	Cumberland levou uma surra.
En lui disant "Mon enfant,	E lhe disseram "Meu filho
Votre papa vous attend	Seu pai o espera
Dites adieu à la Zelande	Dá adeus à Zelândia
Et vite et tôt, fout le camp".	E rápido, caia fora".

Fonte: Bibliothèque Historique de la Ville de Paris, ms. 648, p. 36.

4. Uma canção sobre a futura proclamação do Tratado de Aix-la-
-Chapelle, que ocorreria em Paris, no dia 12 de fevereiro de 1749.
As cerimônias que marcariam a proclamação tinham o intuito de
celebrar o fim da Guerra da Sucessão Austríaca com o júbilo público, mas o tratado era impopular entre os parisienses, porque
devolvia o território que os exércitos franceses haviam conquistado nos Países Baixos austríacos — e, pior ainda, porque Machault,
o controlador geral das finanças, se recusou a revogar os impostos
"extraordinários" instituídos com o propósito de financiar a guerra. No final, ele acabou substituindo esses impostos por uma pesada e semipermanente taxa *vingtième* (vigésima). Cantada com a
melodia de "Biribi", cançoneta muito popular, com um refrão no
estilo nonsense.

C'est donc enfin pour mercredi	Será enfim na quarta-feira
Qu'avec belle apparence	Que com muita pompa
On confirmera dans Paris	Irão confirmar em Paris
La paix et l'indigence,	A paz e a indigência,
Machault ne voulant point,	Pois Machault não quer,
[*dit-on,*	[dizem,
La faridondaine, la faridondon,	A faridondaine, a faridondon,
Oter les impôts qu'il a mis,	Revogar os impostos que criou,
Biribi,	Biribi,
A la façon de Barbari, mon ami.	À maneira de Barbari, meu [amigo.

Fonte: Bibliothèque de l'Arsenal, ms. 11 683, fólio 125.

5. Uma canção sobre a malfadada festa para celebrar a paz.
Parisienses desabafaram seu descontentamento com Bernage, o
prévôt des marchands, responsável por organizar as cerimônias

públicas. As balsas e os carros alegóricos que ele construiu para o desfile da paz, na rua e também no Sena, sofreram amplas críticas por terem um aspecto ridículo, e Bernage também não conseguiu organizar devidamente as provisões de alimentos e de bebidas para serem distribuídos. Cantada com a melodia de "La mort pour les malheureux".

Quel est ce festin public?	O que é esse festim público?
Est-ce un pique-nique?	Será um piquenique?
Non,	Não,
C'est un gueuleton	É uma farra
Donné, dit-on,	Oferecida, pelo que dizem,
Pour célébrer la paix.	Para comemorar a paz.
Et de ces beaux apprêts	E de todos os belos preparativos
La ville fait exprès les frais.	A cidade irá pagar a conta.
Quelle finesse, quel goût	Que finura, que gosto
Règnent partout	Reina em toda parte.
Quels éclatants effets	Que efeitos deslumbrantes
Font ces buffets!	Produzem tais bufês!
Et ce donjon doré!	E aquela masmorra dourada,
Bien décoré	Bem decorada
Est un temple sacré.	É um templo sagrado.
Mais sur l'eau	Mas sobre a água
Charme nouveau	Novo encanto
Je vois flotter une salle	Vejo flutuar um salão
Où Bacchus	Onde Baco
Ivrant Comus	Embebedando Comus
Tient boutique de scandale.	Cuida de uma casa de [escândalos.
De ce spectacle enchanteur	De tal espetáculo encantador

Nomme-t-on l'admirable auteur?   Qual o nome do admirável
[criador?
Le nommer, dîtes-vous, non,   Dizer seu nome, diz você, não
[dirá,
Bernage est-il un nom?   Por acaso Bernage é um nome?

Fonte: Bibliothèque Historique de la Ville de Paris, ms. 649, p. 75.

6. Uma canção sobre a queda e o exílio de Maurepas, usada para zombar de outros cortesãos. Entre eles estão o ex-ministro do Exterior, Germain-Louis de Chauvelin, que em 1737 foi exilado em Bourges, e o duque de La Vrillière, um dos prediletos de Mme. de Pompadour, que (como "Maman Catin" e "la Princesse d'Etiole") é o alvo principal da sátira. Cantada com a melodia da popular canção de bebedeira "Lampons, camarades, lampons".

A Dieu mon cher Maurepas	Adeus, meu caro Maurepas,
Vous voilà dans de beaux draps.	Aí está você em apuros.
Il faut partir toute à l'heure	É preciso partir sem demora
Pour Bourges votre demeure.	Para suas terras em Bourges.
Lampons, lampons.	Bebamos, bebamos.
Camarades, lampons.	Camaradas, bebamos.
Quel malheur que Chauvelin	Que pena que Chauvelin
Votre ami tendre et bénin	Seu amigo meigo e bondoso
Ne soit plus en cette ville;	Não esteja mais nesta cidade;
Vous auriez fait domicile.	Ele teria hospedado você em [casa.
On dit que Maman Catin,	Dizem que Mamãe Meretriz,
Qui vous mène si beau train	Que lhe deu tão grande rasteira

Et se plaît à la culbute,	E adorou a derrocada [do ministério],
Vous procure cette chute.	Causou sua queda.
De quoi vous avisez-vous	De onde lhe veio a ideia
D'attirer son fier courroux?	De provocar a ira feroz dela?
Cette franche péronnelle	Essa tola desbocada
Vous fait sauter de l'échelle.	Fez você cair da escada.
Il fallait en courtisan	Como cortesão, você devia
Lui prodiguer votre encens,	Incensá-la com fartura,
Faire comme La Vrillière	Fazer como La Vrillière
Qui lui lèche la derrière.	Que lambe sua bunda.
Réfléchissez un instant	Reflita um instante
Sur votre sort différent.	Sobre seu destino diferente.
On vous envoie en fourrière	Você foi posto no olho da rua
Quand le St. Esprit l'éclaire.	E ele ganhou a ordem do [Espírito Santo.
Pour réussir à la Cour,	Para ter sucesso na corte,
Quiconque y fait son séjour	Não importa quem faça aí sua [estada
Doit fléchir devant l'idole	Tem de se curvar diante do [ídolo,
La Princesse d'Etiole.	A princesa de Etiole.

Fonte: Bibliothèque Historique de la Ville de Paris, ms. 649, p. 123.

7. Uma canção que ataca Mme. de Pompadour por suas origens plebeias, por sua aparência e suposta vulgaridade, tomadas como

símbolo da degradação do Estado e do aviltamento do rei. A exemplo de muitas canções das *Poissonades*, ela zomba de seu nome de solteira. Usa também um recurso retórico chamado de "eco", repetindo a última sílaba de todas as estrofes, às vezes em forma de trocadilho. Em contraste com a melodia da canção anterior, que evocava a bebedeira em tavernas, sua melodia, "Les Trembleurs", tem uma origem refinada. Provém da ópera de Jean-Baptiste Lully intitulada *Isis*, embora também tenha sido usada em apresentações em teatros mais plebeus, permitidos durante as temporadas das feiras (*théâtres de la foire*).

Les grands seigneurs s'avilissent	Os grandes senhores se aviltam
Les financiers s'enrichissent	Os financistas enriquecem
Tous les Poissons s'agrandissent	Todos os Poisson se [engrandecem
C'est le règne des vauriens.	É o reino dos vagabundos.
On épuise la finance	Esgotam-se as finanças
En bâtiments, en dépense,	Em prédios, em desperdício,
L'État tombe en décadence	O Estado rui em decadência
Le roi ne met ordre à rien, [*rien, rien.*	O rei não põe nada em ordem.
Une petite bourgeoise	Uma pequena-burguesa
Elevée à la grivoise	Criada em meio ao deboche
Mesurant tout à sa toise,	Medindo tudo por si mesma,
Fait de la cour un taudis;	Faz da corte um cortiço;
Le Roi malgré son scrupule,	O rei, apesar de seus escrúpulos,
Pour elle froidement brûle	Por ela arde friamente
Cette flamme ridicule	Essa chama ridícula
Excite dans tout Paris, ris, ris, ris.	Faz toda Paris rir, rir, rir.

Cette catin subalterne	Essa tal meretriz
Insolemment le gouverne	O governa com insolência
Et c'est elle qui décerne	E é ela quem seleciona
Les hommes à prix d'argent.	Os homens a alto preço.
Devant l'idole tout plie,	Diante do ídolo, todos se curvam,
Le courtisan s'humilie,	O cortesão se humilha,
Il subit cette infamie	Sujeita-se a essa infâmia.
Et n'est que plus indigent,	E é ainda mais indigente,
[*gent, gent*	[gente, gente
La contenance éventée	A aparência bolorenta
La peau jaune et truitée	A pele amarela e sardenta
Et chaque dent tachetée	E todos os dentes manchados
Les yeux fades, le col long,	Olhos apagados, pescoço
	[comprido,
Sans esprit, sans caractère	Sem espírito, sem personalidade,
L'âme vile et mercenaire	Alma vil e mercenária
Le propos d'une commère	A fala igual à de uma mexeriqueira
Tout est bas chez la Poisson,	Tudo é vil na Poisson, son, son.
[*son, son.*	
Si dans les beautés choisies	Se entre as beldades seletas
Elle était des plus jolies	Ela era das mais bonitas
On pardonne les folies	Perdoam-se as loucuras
Quand l'objet est un bijou.	Quando o objeto é uma joia.
Mais pour si mince figure,	Mas para figura tão banal,
Et si sotte créature,	E uma criatura tão tola,
S'attirer tant de murmure	Atrair tanto falatório
Chacun pense le roi fou, fou, fou*	Todos acham que o rei é tolo,
[*ou: fout, fout, fout].*	[olo, olo.

* *Fou*, em francês, sugere "foder". (N. T.)

Qu'importe qu'on me chansonne	Que importa que cantem sobre [mim
Que cent vices l'on me donne	Que me atribuam cem vícios
En ai-je moins ma couronne	É menos minha a minha coroa
En suis-je moins roi, moins bien:	Sou menos rei, menos bom?
Il n'est qu'un amour extrême	É apenas um amor radical
Plus fort que tout diadème	Mais forte que qualquer [diadema
Qui rende un souverain blême	Que torna um soberano pálido
Et son grand pouvoir rien, [*rien, rien.*	E seu grande poder nada, [nada, nada.
Voyez charmante maîtresse	Veja, encantadora amante
Si l'honneur de la tendresse	Se a honra da ternura
Est d'exciter qui vous presse	É excitar aquele que a pressiona
D'obéir à son amour.	A obedecer ao seu amor.
Ménagez bien la puissance	Cuide bem do poder
De ce bien aimé de France	Desse bem-amado da França
Si vous ne voulez qu'on pense	Se não quiser que pensem
Qu'il ne vous a pris que [*pour, pour, pour.*	Que ele só pegou você [para, para, para

Fonte: Bibliothèque Nationale de France, ms. 13709, fólios 29-30 e 71.

8. Outra *Poissonade*, que escarnece de Mme. de Pompadour, ameaçando produzir ainda mais canções contra ela. Também zomba de sua aparência e ridiculariza a mediocridade de seu desempenho nas óperas que ela montava em caráter privado em Versailles a fim de divertir o rei. Como numa canção anterior, a letra sugere uma solidariedade subjacente com o rei, a despeito da afeição por sua amante indigna. Cantada com a melodia de "Messieurs nos

généraux sont honnêtes gens". Nesse caso, foi impossível descobrir a música. Como exemplo da facilidade com que as músicas podem ser adaptadas a melodias, Hélène Delavault canta a letra com a melodia mais conhecida do século XVIII na França, "Au clair de la lune".

Il faut san relâche	É preciso sem descanso
Faire des chansons.	Fazer canções
Plus Poisson s'en fache	Quanto mais Poisson se irrita
Plus nous chanterons.	Mais nós cantaremos.
Chaque jour elle offre	Todo dia ela oferece
Matière à couplets	Material para estrofes
Et veut que l'on coffre	E quer que mandem para a [cadeia
Ceux qui les ont faits.	Aqueles que as fizeram.
Ils sont punissables	São passíveis de punição
Peignant ses beautés	Os que retratam suas beldades
De traits remarquables	Com traços notáveis
Qu'ils n'ont point chantés	Que eles não cantaram
Sa gorge vilaine	Seu peito horrível
Ses mains et ses bras,	Suas mãos e seus braços
Souvent une haleine	Muitas vezes o seu hálito
Qui n'embaume pas.	Que não perfuma.
La folle indécence	A louca indecência
De son opéra	De sua ópera
Où par bienséance	Onde por decoro
Tout ministre va.	Todo ministro vai.
Il faut qu'on y vante	É preciso elogiar
Son chant fredonné	Seu canto minguado
Sa voix chevrotante	Sua voz de cabrita
Son jeu forcené.	Sua maneira desenfreada de [representar.

Elle veut qu'on prône	Ela quer que louvemos
Ses petits talents,	Seu escasso talento,
Se croit sur le trône	Acredita que ocupa o trono,
Ferme pour longtemps.	De modo firme e duradouro.
Mais le pied lui glisse,	Mas seu pé escorrega,
Le roi sort d'erreur	O rei renega seus erros,
Et ce sacrifice	E com tal sacrifício
Lui rend notre coeur.	Ganha nossos corações.

Fonte: Bibliothèque Nationale de France, ms. fr. 13709, fólio 41.

9. Uma canção que profetiza que em breve o rei irá se cansar de Mme. de Pompadour e de suas óperas maçantes. Cantada com a melodia do canto de Natal "Où est-il, ce petit nouveau né?". Embora fossem tidos como hinos de Natal, os *noëls* eram tradicionalmente apresentados no fim do ano para satirizar ministros e outros *grands* de Versailles.

Le roi sera bientôt las	Em breve o rei irá se cansar
De sa sotte pécore.	De sua tola palerma.
L'ennui jusques dans ses bras	O tédio nos braços dela
Le suit et le dévore;	O persegue e o devora;
Quoi, dit-il, toujours des opéras,	Ora, diz ele, sempre essas óperas,
En verrons-nous encore?	Até quando teremos de ver isso?

Fonte: Bibliothèque Nationale de France, ms. fr. 13709, fólio 42.

10. Outra canção que enfatiza as origens subalternas de Mme. de Pompadour, com trocadilhos com seu nome de solteira. Esse tema comum sugere uma vertente aristocrática nas *Poissonades*, boa parte da qual provavelmente tinha origem na corte. A despeito de

seu tom irreverente, nada havia de revolucionário em suas sátiras. Cantada com a melodia de "Tes beaux yeux ma Nicole".

Jadis c'était Versailles	Antigamente era Versailles
Qui donnait le bon goût;	Que ditava o bom gosto;
Aujourd'hui la canaille	Hoje a canalha
Règne, tient le haut bout.	Reina, tem a última palavra.
Si la cour se ravale,	Se a corte se avilta,
Pourquoi s'étonne-t-on,	Por que se admirar,
N'est-ce pas de la Halle	Não é da feira de Halle
Que nous vient le poisson?	Que nos vem o peixe?

Fonte: Bibliothèque Nationale de France, ms. fr. 13709, fólio 71.

11. Uma canção que conta a suposta origem da relação de Luís xv com Mme. de Pompadour, que na época era casada com Charles Guillaume Le Normant d'Etiolles, um financista, sobrinho do célebre cobrador de impostos Le Normant de Tournehem; daí as referências depreciativas às *finanças*, sugerindo que o rei havia se integrado às fileiras de seus próprios e vorazes cobradores de impostos. Comentava-se que Luís, na época viúvo, notara pela primeira vez sua futura amante num baile de máscaras, que foi promovido a fim de celebrar o casamento de um delfim e incluía alguns plebeus. Cantada com a melodia de "Haïe, haïe, haïe, Jeannette".

Notre pauvre roi Louis	Nosso pobre rei Luís
Dans de nouveaux fers s'engage.	Se prende em novas cadeias.
C'est aux noces de son fils	Foi nas bodas de seu filho
Qu'il adoucit son veuvage	Que ele adoçou sua viuvez
Haïe, haïe, haïe, Jeannette,	Ai, ai, ai, Jeannette,
Jeannette, haïe, haïe, haïe.	Jeannette, ai, ai, ai.

Les bourgeois de Paris	Os burgueses de Paris
Au bal ont eu l'avantage	Tiveram direito de ir ao baile.
Il a pour son vis à vis	Ele [o rei] para seu par
Choisi dans le cailletage	Escolheu entre as fofoqueiras.
Haïe, etc.	Ai etc.
Le roi, dit-on à la cour,	O rei, dizem na corte,
Entre donc dans la finance.	Entra afinal nas finanças.
De faire fortune un jour	De fazer fortuna um dia
Le voilà dans l'espérance.	Lá está ele na esperança.
En vain les dames de cour	Em vão as damas da corte
L'osent trouver ridicule.	Atrevem-se a achá-lo ridículo.
Le roi ni le dieu d'amour	Nem o rei nem o deus do amor
N'ont jamais eu de scrupule	Jamais tiveram escrúpulos.

Fonte: Bibliothèque Nationale de France, ms. fr. 13701, fólio 20.

12. Uma *Poissonade* final vai além das outras, transferindo sua zombaria de Mme. de Pompadour para o rei, a quem acusa de falta de virilidade. Cantada com a melodia de "Sans le savoir" ou "La Coquette sans le savoir".

Hé quoi, bourgeoise téméraire	Ora, burguesa temerária
Tu dis qu'au roi tu as su plaire	Você diz que soube agradar ao rei
Et qu'il a rempli ton espoir.	E que ele satisfez sua esperança.
Cesse d'employer la finesse;	Pare de usar sutilezas;
Nous savons que le roi le soir	Sabemos que o rei à noite
A voulu prouver sa tendresse	Quis dar prova de sua ternura
Sans le pouvoir.	Sem podê-lo.

Fonte: Bibliothèque Nationale de France, ms. fr. 13701, fólio 20.

Notas

INTRODUÇÃO [pp. 7-11]

1. Para uma reflexão geral sobre o assunto, ver Arlette Farge, *Essai pour une Histoire des voix au dix-huitième siècle* (Montrouge, 2009); e Herbet Schneider (Org.), *Chanson und Vaudeville; Gesellschäftliches Singen und unterhaltende Kommunikation im 18. und 19. Jahrhundert* (St. Ingbert, 1990).

1. POLICIANDO UM POEMA [pp. 13-7]

1. Bibliothèque de l'Arsenal, ms. 11690, fólio 66. O relato se baseia em manuscritos amontoados confusamente dentro dessa caixa, alguns deles etiquetados "L'Affaire des Quatorze". Alguns poucos desses documentos foram publicados in François Ravaisson, *Archives de la Bastille* (Paris, 1881), v. 12, pp. 313-30.
2. D'Hémery para Berryer, 26 jun. 1749; e D'Argenson para Berryer, 26 jun. 1749. Ambas na Bibliothèque de l'Arsenal, ms. 11690, fólios 40 e 42.
3. D'Hémery para Berryer, 4 jul. 1749, ibid., fólio 44.
4. "Interrogatoire du sieur Bonis", 4 jul. 1749, ibid., fólios 46-7.
5. Numa carta para Berryer datada de 4 jul. 1749, D'Argenson propôs que a polícia trabalhasse às claras. Pediu com insistência que o superintendente-geral levasse adiante a investigação a fim de chegar à fonte: "*parvenir s'il est possible à la source d'une pareille infâmie*" (ibid., fólio 51).

6. A caixa de documentos na Bibliothèque de l'Arsenal, ms. 11690, contém relatos minuciosos de cada uma dessas prisões, mas faltam alguns dossiês, em especial os de Varmont, Maubert, Du Terraux e Jean Gabriel Tranchet, que provavelmente continham informações a respeito dos últimos estágios do caso.

7. D'Argenson para Berryer, 26 jun. 1749, ibid., fólio 42.

2. UM ENIGMA [pp. 18-20]

1. Ver Michel Foucault, *L'Ordre di discours* (Paris, 1971), e Jürgen Habermas, *The Structural Transformation of the Public Sphere: An Inquiry into a Category of Bourgeois Society* (Cambridge, Mass., 1989). Para outras referências e discussões sobre ambas as teorias, ver Jan Goldstein (Org.), *Foucault and the Writing of History* (Oxford, 1994), e Craig Calhoun (Org.), *Habermas and the Public Sphere* (Cambridge, Mass., 1992). No meu próprio ponto de vista, que deve bastante a Robert Merton e Elihu Katz, uma sociologia da comunicação mais fértil, ou pelo menos que tenha mais afinidade com as condições francesas, pode ser encontrada na obra de Gabriel de Tarde. Ver Tarde, *L'Opinion et la foule* (Paris, 1901), e a versão inglesa dos ensaios de Tarde, organizada por Terry N. Clark, *On Communication and Social Influence* (Chicago, 1969). Tarde anteviu algumas ideias desenvolvidas mais plenamente por Benedict Anderson em *Imagined Communities: Reflections on the Origin and Spread of Nationalism* (Londres, 1983).

3. UMA REDE DE COMUNICAÇÃO [pp. 21-7]

1. Por exemplo, em seu interrogatório na Bastilha em 10 de julho de 1749, Jean le Mercier referiu-se ao poema que começa com o verso "Qu'une bâtarde de catin" como uma *chanson*. O poema é também chamado de *chanson* em várias coleções de manuscritos contemporâneos de canções satíricas, que em geral dão nome à melodia. Uma coleção na Bibliothèque Historique de la Ville de Paris, ms. 648, p. 393, se refere ao mesmo poema como "Chanson satirique sur les princes, princesses, seigneurs et dames de la cour sur l'air Dirai-je mon Confiteor". Outra cópia, na Coleção Clairambault na Bibliothèque Nationale de France, ms. fr. 12717, p. 1, é identificada como "Chanson sur l'air Quand mon amant me fait la cour. État de la France em août 1747". Uma terceira cópia, anotada numa tira de papel apreendida durante a prisão de Mathieu-François

Pidansat de Mairobert, tinha um título semelhante: "L'État de la France sur l'air Mon amant me fait la cour". Bibliothèque de l'Arsenal, ms. 11683, fólio 134.

2. Bilhete sem data para Berryer, de "Sigorgne, avocat", Bibliotheque de l'Arsenal, ms. 11690, fólio 165.

3. Du Crocq, diretor do Collège du Plessis, para Berryer, 4 set. 1749, ibid., fólio 165.

4. Interrogatório de Alexis Dujast na Bastilha, 8 jul. 1749, ibid., fólios 60-2.

5. Bonis para Berryer, 6 jul. 1749, ibid., fólios 100-1.

6. Interrogatório de Jacques Marie Hallaire na Bastilha, 9 jul. 1749, ibid., fólios 81-2. O poema sobre as luvas se encontra no fólio 87.

7. Interrogatório de Jean le Mercier, 10 jul. 1749, ibid., fólios 94-6. A *déclaration* de Mercier à polícia revela como os modos de transmissão orais e escritos se combinavam na rede de comunicação: "*Que l'hiver dernier le déclarant, que était au séminaire de St. Nicolas du Chardonnet, entendit un jour le sieur Théret, qui était alors dans le même séminaire, réciter des couplets d'une chanson contre la cour commençant par ces mots, 'Qu'une bâtarde de catin'; que le déclarant demanda ladite chanson audit sieur Théret, qui la lui donna et à laquelle le déclarant a fait quelques notes et a même marqué sur la copie par lui écrite et donnée audit sieur Guyard que le couplet fait contre Monsieur le Chancelier ne lui convenait point et que le mot 'décrépit' ni rimait point à 'fils'. Ajouté le déclarant que sur la même feuille contenant ladite chanson à lui donnée par ledit sieur Théret il y avait deux pièces de vers au sujet du Prétendant, l'une commençant par ces mots, 'Quel est le triste sort des malheureux Français', et l'autre par ceux-ci, 'Peuple jadis si fier', lesquelles deux pièces le déclarant a copiées et a déchirées dans le temps sans les avoir communiquées à personne*". Ver cap. 10, n. 8, para uma tradução desse testemunho.

8. Guyard, a exemplo de Le Mercier, forneceu à polícia um relato minucioso do processo de transmissão durante seu interrogatório, datado de 9 jul. 1749, ibid., fólio 73: "*Nous a déclaré [...] que vers le commencement de cette année il écrivit sous la dictée du siuer Sigorgne, professeur de philosophie au Collège du Plessis, des vers commençant par ces mots: 'Quel est le triste sort des malheureux Français', et il y a environ un mois des vers sur le vingtième commençant par ces mots, 'Sans crime on peut trahir sa foi'; que le déclarant a dicté les premiers vers au sieur Damours, avocat aux conseils, demeurant rue de la verrerie vis à vis la rue du coq, et a donné les vers sur le vingtième au sieur Hallaire fils, et les a dictés le jour d'hier à la dame Garnier, demeurant rue de l'échelle St. Honoré chez un limonadier, et a envoyé au sieur de Bire, conseiller au présidial de la Flèche, les vers commençant par ces mots, 'Quel est le triste sort'. Ajouté le déclarant que le sieur de Baussancourt, docteur de Sorbonne, demeurant rue Sainte Croix de la Bretonnerie, lui a donné la*

copie des 'Echos de la cour' que le déclarant a dans sa chambre et qu'il a communiqués à ladite dame Garnier dont le mari, qui est entrepreneur des vivres, est actuellement en province; et que le même sieur de Baussancourt lui a lu une autre pièce de vers faite sur le Prétendant et commençant par ces mots, 'Peuple jadis si fier', et dont le déclarant n'a point pris de copie. Ajouté encore le déclarant que la chanson qui vient d'être trouvée dans ses poches est de l'écriture du sieur abbé Mercier, demeurant audit Collège de Bayeux, lequel l'a donnée au déclarant".

9. As prisões, tal como descritas num relatório geral sem data sobre o caso, preparado pela polícia (ibid., fólios 150-9), incluíram François Louis de Vaux Travers du Terraux, identificado como "*natif de Paris, commis au dépôt des Grands Augustins*", e Jean-Jacques Michel Maubert, de dezesseis anos, filho de Augustin Maubert, *procureur* no tribunal de Châtelet. Jean-Jacques era estudante de filosofia no Collège d'Harcourt e não deve ser confundido com o célebre aventureiro erudito Jean Henri Maubert de Gouvest, que nasceu em Rouen em 1721. O irmão de Jean-Jacques, referido pela polícia apenas como "Maubert de Freneuse" (ibid., fólio 151), também estava envolvido na troca de poemas, mas nunca foi apanhado. O dossiê de Varmont não se encontra nos arquivos, portanto é difícil determinar seu papel. Seu pai trabalhava no setor administrativo da polícia, segundo um comentário que consta do interrogatório de Maubert. Portanto, parece possível que Varmont *père* tenha negociado um acordo pelo qual o filho se entregaria e seria solto depois de dar informações. O interrogatório de Jean-Jacques Michel Maubert (ibid., fólios 122-3) também ilustra a interpenetração dos modos de difusão oral e escrita: "*Nous a dit [...] qu'il y a quelques mois le nommé Varmont qu'il alla voir chez lui un après-midi montra au déclarant plusieurs pièces de vers contre Sa Majesté parmi lesquelles ledit Varmont dit qu'il y en avait qui lui avaient été données par un particulier dont le déclarant ignore le nom [...] que ledit Varmont fils après avoir dit que ce particulier lui avait dicté de mémoire l'une desdites pièces de vers commençant ainsi, 'Lâche dissipateur du bien de tes sujets', déclama une autre pièce de vers commençant par ces mots, 'Quel est le triste sort des malheureux Français', et donna au déclarant une ode sur l'exil de M. de Maurepas. [...] Ajouté le déclarant que ledit Varmont a dicté en classe et en présence du déclarant, qui était à côté de lui, ladite ode au nommé Du Chaufour, étudiant en philosophie*". Num relatório datado apenas de "*julliet 1749*" (ibid., fólio 120), Berryer anotou que Jouret disse que havia obtido a "*ode de 14 strophes contre le roi intitulée 'L'Exil de M. Maurepas'*" de Du Chaufour, "*qui la lui avait confiée, pour en prendre copie, et que Du Chaufour lui avait dit l'avoir écrite pendant la classe, ao Collège d'Harcourt, sous la dictée d'un écolier de philosophie, et convient Jouret avoir prêté ladite ode à Hallaire fils, pour en prendre copie*".

4. PERIGO IDEOLÓGICO? [pp. 28-35]

1. Os documentos mais importantes relativos a Sigorgne são: D'Hémery para Berryer, 16 jul. 1749; Rochebrune para Berryer, 16 jul. 1749; e a "Déclaration du sieur Pierre Sigorgne" da Bastilha, 16 jul. 1749. Todos na Bibliothèque de l'Arsenal, Arquivos da Bastilha, ms. 11690, fólios 108-13.

2. As cartas do irmão de Sigorgne para Berryer e um relatório sobre a condição crítica de Sigorgne na Bastilha são ibid., fólios 165-87.

3. *Mémoires inédits de l'abbé Morellet* (Paris, 1822), v. I, pp. 13-4. Morellet indicou que Turgot, na condição de amigo íntimo de Bon, estava envolvido no caso, mas não afirmou explicitamente que havia transmitido o poema. A julgar pelo relato de Morellet, que é minucioso e bastante preciso, o caso teve grande impacto no círculo dos estudantes interessados em filosofia. Escrevendo sobre o episódio cinquenta anos depois, Morellet chegou a citar o primeiro verso de um dos poemas, ao que tudo indica, de memória: "*Peuple jadis si fier, aujourd'hui si servile*".

4. D'Hémery para Berryer, 9 jul. 1749. Bibliothèque de l'Arsenal, ms. 11690, fólios 79-80.

5. Gervaise para D'Argenson, 19 jul. 1749; e Gervaise para Berryer, 13 jul. 1749, ibid., fólios 124 e 128.

6. D'Argenson para Berryer, 4 jul. 1749, ibid., fólio 51.

7. Idem, 6 jul. 1749, ibid., fólios 55 e 90.

8. Idem, 10 jul. 1749, ibid., fólio 90.

9. Idem, 6 jul. 1749, ibid., fólios 55 e 90.

10. *Le Portefeuille d'un talon rouge contenant des anecdotes galantes et secrèts de la cour de France*, reimpresso como *Le Coffret du bibliophile* (Paris, s.d.), p. 22.

11. E.-J.-B. Rathery (Org.), *Journal et mémoires du marquis D'Argenson* (Paris, 1862), v. V, p. 398. Ver um relato semelhante em Edmond-Jean-François Barbier, *Chronique de la Régence et du règne de Louis XV (1718-1763), ou Journal de Barbier, avocat au Parlement de Paris* (Paris, 1858), v. IV, p. 362.

12. Charles Collé, *Journal et mémoires de Charles Collé*, org. de Honoré Bonhomme (Paris, 1868), v. I, p. 62: "*Ce mois-ci* [mar. 1749], *l'on a vu encore plusieurs chansons contre madame de Pompadour, et il courait un bruit que le roi était sur le point de lui donner son congé. Tous les ans le même bruit se renouvelle, au temps de Pâques. Les couplets que l'on a faits contre elle ne sont pas bons, mais ils ont l'air de l'acharnement et de la fureur*". Em seguida, após citar uma das melhores canções, Collé anotou: "*Ceci sent la main de l'artiste; les rimes recherchées* [...], *les vers bien faits et la facilité de ce couplet me feraient penser qu'au moins la mécanique est d'un auteur de profession, à qui l'on en aurait donné tout au plus le fond*".

13. Ibid., v. I, p. 49 (entrada de fev. 1749). Collé mais adiante cita o poema, que não era um dos seis envolvidos no Caso dos Catorze. Ver também seus comentários semelhantes em jan. 1749; ibid., v. I, p. 48.

5. POLÍTICA DA CORTE [pp. 36-41]

1. O relato seguinte se baseia principalmente em E.-J.-B. Rathery (Org.), *Journal et mémoires du marquis D'Argenson* (Paris, 1862), v. 5; e E.-J.-F. Barbier, *Chronique de la Régence et du règne de Louis XV (1718-1763), ou Journal de Barbier, avocat au Parlement de Paris* (Paris, 1858), v. 4. Eles foram suplementados por outros diários e memórias, em especial L. Dussieu e E. Soulie (Org.), *Mémoires du duc de Luynes sur la cour de Louis XV (1735-1758)* (Paris, 1862); visconde de Grouchy e Paul Cottin (Orgs.), *Journal inédit du duc de Croÿ, 1718--1784* (Paris, 1906); Frédéric Masson (Org.), *Mémoires et lettres de François--Joachim de Pierre cardinal de Bernis (1715-1758)* (Paris, 1878); e *Mémoires du duc de Choiseul, 1719-1785* (Paris, 1904). É claro que todas essas fontes devem ser usadas com cautela, pois cada obra tem uma inclinação própria. Para um apanhado geral das fontes e uma visão criteriosa do conjunto do reinado de Luís XV, ver Michel Antoine, *Louis XV* (Paris, 1989).

2. Todos os retratos contemporâneos de Maurepas enfatizam as mesmas características. Para um bom exemplo, ver Jean-François Marmontel, *Mémoires*, org. de John Redwick (Clermont-Ferrand, 1972), v. II, pp. 320-1.

3. Bibliothèque Nationale de France, ms. fr. 12616-59. Infelizmente esse "Chansonnier dit de Maurepas" não contém nada após o ano de 1747. Mas o "Chansonnier dit de Clairambault" é ainda mais rico e contém muitas canções de 1748 e 1749: ms. fr. 12718 e 12719. Consultei também *chansonniers* semelhantes na Bibliothèque Historique de la Ville de Paris e na Bibliothèque de l'Arsenal.

4. Para o relato de um cortesão típico sobre a queda de Maurepas, corroborado pelas fontes citadas acima, ver Bernis, *Mémoires*, cap. 21.

5. D'Argenson, *Journal et mémoires*, v. V, p. 456. Para mais detalhes, ver "A poesia e a queda de Maurepas", no apêndice deste volume.

6. D'Argenson, *Journal et mémoires*, v. V, pp. 461-2.

7. Ibid., v. V, p. 455.

8. Essa é a interpretação geral formulada pelo marquês D'Argenson em ago. 1749, quando ele pensava que seu irmão havia alcançado tamanha primazia nas lutas internas em Versailles que podia ser nomeado primeiro-ministro.

9. D'Argenson para Berryer, 6 jul. 1749, Bibliothèque de l'Arsenal, ms. 11690, fólio 55. Numa carta de 4 jul. 1749 (ibid., fólio 51), D'Argenson instou

Berryer a mantê-lo informado sobre novas pistas na investigação, "*qui nous fera arriver, à ce que j'espère, à un exemple que nous désirons depuis si longtemps*".

6. CRIME E CASTIGO [pp. 42-4]

    1. Le Mercier para Berryer, 22 nov.1749, Bibliothèque de l'Arsenal, ms. 11690, fólio 185.
    2. Bonis para Berryer, 26 jan. 1750, ibid., fólio 178.
    3. Idem, 10 set. 1750, ibid., fólio 257.

7. UMA DIMENSÃO AUSENTE [pp. 45-9]

    1. Ver Christian Jouhaud, *Mazarinades: La Fronde des mots* (Paris, 1985). Para a opinião de que as *Mazarinades* exprimiam de fato uma tendência radical e até democrática na vida política, ver Hubert Carrier, *La Presse de la Fronde, 1648--1653: Les Mazarinades* (Genebra, 1989).
    2. E.-J.-B. Rathery (Org.), *Journal et mémoires du marquis D'Argenson* (Paris, 1862), v. VI, p. 108.
    3. Ibid., v. V, p. 399.
    4. Ibid., p. 415.
    5. Ibid., p. 464.
    6. Ibid., p. 468.
    7. Ibid., v. VI, p. 15. O escândalo provocado pelas relações amorosas de Luís com as filhas do marquês de Nesle, encaradas na época como adúlteras e também incestuosas, figuravam de forma destacada na literatura clandestina da época, como em *Vie privée de Louis XV* (Londres, 1781). Para exemplos de como isso aparecia em canções da década de 1740, ver Emile Raunié, *Chansonnier historique du XVIIIE siècle* (Paris, 1882), v. VII, pp. 1-5.
    8. D'Argenson, *Journal et mémoires*, v. V, p. 387.
    9. *Mémoires et journal inédit du marquis D'Argenson* (Paris, 1857), v. III, p. 281.

8. O CONTEXTO MAIS AMPLO [pp. 50-60]

    1. Para relatos sobre a repercussão dos fatos atuais nas conversas e nos boatos, ver especialmente A. de Boislisle (Org.), *Lettres de M. de Marville, lieutenant général de police, au ministre Maurepas (1742-1747)* (Paris, 1905), 3 v.

2. O Caso do Príncipe Edouard aparece em todas as fontes citadas no cap. 5, n. 1. Ver especialmente os relatos minuciosos em E.-J.-F. Barbier, *Chronique de la Régence et du règne de Louis XV (1718-1763), ou Journal de Barbier, avocat au Parlement de Paris* (Paris, 1858), v. IV, pp. 314-35. O dossiê da Bastilha sobre o caso (Bibliothèque de l'Arsenal, ms. 11658) mostra que o governo era especialmente sensível à maneira como o tratamento dispensado ao príncipe seria recebido pela opinião pública. Assim, por exemplo, uma carta de D'Hémery para Duval, secretário do tenente-general da polícia, datada de 14 ago. 1748: "*On lit publiquement das le café de Viseux, rue Mazarine, la protestation du Prince Edourard. Il y en a même une imprimée, qui est sur le comptoir et que tout le mond lit*" (Foi lido em público no café de Viseux, Rue Mazarine, o protesto do príncipe Edouard. Há até uma versão impressa que está sobre o balcão e que todos leem). Para um relato sobre o caso, ver L. L. Bongie, *The Love of a Prince: Bonnie Prince Charlie in France, 1744-1748* (Vancouver, 1986); e Thomas E. Kaiser, "The Drama of Charles Edward Stuart, Jacobite Propaganda, and French Political Protest, 1745-1750", *Eighteenth-Century Studies*, n. 30 (1997), pp. 365-81.

3. Ver Marcel Marion, *Les Impôts directs sous l'Ancien Régime* (reimpresso em Genebra, 1974); e Pierre Goubert e Daniel Roche, *Les Français et l'Ancien Régime* (Paris, 1984), v. 2.

4. Ver, por exemplo, Alfred Cobban, *A History of Modern France* (Nova York, 1982), v. I, pp. 61-2.

5. Ver Dale K. Van Kley, *The Damiens Affair and the Unraveling of the Ancien Régime, 1750-1770* (Princeton, 1984); e B. Robert Kreiser, *Miracles, Convulsions and Ecclesiastical Politics in Early Eighteenth-Century Paris* (Princeton, 1978). Ao relatar o enterro de Coffin, o marquês D'Argenson enfatizou seu efeito de mobilizar os descontentes com o governo: "*On brave ainsi le gouvernement et sa persécution schismatique*". E.-J.-B. Rathery (Org.), *Journal et mémoires du marquis D'Argenson* (Paris, 1862), v. V, p. 492.

6. D'Argenson, *Journal et mémoires*, v. III, p. 277. O relato de Barbier sobre a crise é igualmente vívido, porém mais simpático ao governo: *Chronique*, v. IV, pp. 377-81.

7. Bibliothèque de l'Arsenal, ms. 12725. Ver também Frantz Funck--Brentano, *Les Lettres de cachet à Paris, étude suivie d'une liste des prisonniers de la Bastille, 1659-1789* (Paris, 1903), pp. 310-2.

8. De algum modo, esse manuscrito separou-se dos documentos da Bastilha e foi terminar na Bibliothèque Nationale de France: n.a.f. ("nouvelles acquisitions françaises"), 1891, citações dos fólios pp. 421, 431, 427 e 433.

9. Bibliothèque de l'Arsenal, ms. 11683. Ver também François Ravaisson, *Archives de la Bastille* (Paris, 1881), v. XV, pp. 312-3, 315-6 e 324-5. Como será

discutido adiante, o poema encontrado em Mairobert era "Sans crime on peut trahir sa foi".

10. Bibliothèque Nationale de France, n.a.f., 1891, fólio 455.

11. Funck-Brentano, *Les Lettres de cachet*, pp. 311-3. Em suas *Mémoires* (v. I, pp. 13-4), Morellet afirmava que "Peuple jadis si fier" era o poema escrito pelo abade Bon. Provavelmente ele o confundiu com uma ode semelhante que circulava na mesma época, "Quel est le triste sort des malheureux Français"; mas a autoria de alguns poemas ainda não pode ser determinada.

12. A informação nos dois parágrafos seguintes provém dos documentos de D'Hémery na Bibliothèque Nationale de France, n.a.f. 10781-3.

9. POESIA E POLÍTICA [pp. 61-70]

1. D'Argenson para Berryer, 26 jun. 1749, Bibliothéque de l'Arsenal, ms. 11690. Para uma discussão sobre poética e as tradições retóricas, ver Henri Morier, *Dictionnaire de poétique et rhétorique* (Paris, 1975). Eu gostaria de agradecer a François Rigolot pela ajuda na interpretação desse aspecto da poesia. Ver também, para uma discussão sobre as qualidades literárias dos poemas, Bernard Cottret e Monique Cottret, "Les Chansons du mal-aimé: Raison d'État et rumeur publique, 1748-1750", in *Histoire sociale, sensibilités collectives et mentalités: Mélanges Robert Mandrou* (Paris, 1985), pp. 303-15; e, para informação a respeito de seus aspectos jacobitas, Thomas E. Kaiser, "The Drama of Charles Edward Stuart, Jacobite Propaganda, and French Political Protest, 1745-1750", *Eighteenth-Century Studies*, n. 30 (1997), pp. 365-81.

10. CANÇÃO [pp. 71-83]

1. Cópias distintas da canção citavam títulos diferentes da melodia, que pode ser identificada de várias formas. Os problemas de encaixar letra e melodia são discutidos no capítulo 11.

2. Ver *Le Fait divers*, catálogo de uma exposição no Musée National des Arts et Traditions Populaires, 19 nov. 1982-18 abr. 1983 (Paris, 1982), pp. 112-3 e 120-7.

3. Por exemplo, o interrogatório de Christophe Guyard in Bibliothèque de l'Arsenal, ms. 11690, fólio 73.

4. Os poemas e a documentação periférica da investigação de Mairobert se encontram em seu dossiê nos arquivos da Bastilha, Bibliothèque de l'Arsenal, ms. 11683, fólios 44-136. Alguns documentos estão impressos em François Ravaisson,

Archives de la Bastille (Paris, 1881), v. XII, pp. 312, 315 e 324; mas contêm erros de transcrição e de datação.

5. Relatório sem assinatura, possivelmente do *chevalier* de Mouhy, datado de 1 jul. 1749, Bibliothèque de l'Arsenal, ms. 11683, fólio 45.
6. "Observations de D'Hémery du 16 juin 1749", ibid., fólio 52.
7. "Affaire concernant les vers", jul. 1749, Bibliothèque de l'Arsenal, ms. 11690, fólio 150.
8. Interrogatório de Jean le Mercier, 10 jul. 1749, ibid., fólios 94-6. A referência à cópia em si provém do interrogatório de Guyard: "*Nous avons engagé ledit sieur Guyard de vider ses poches dans lesquelles il s'est trouvé deux morceaux de papier contenant une chanson sur la cour*" (ibid., fólio 77).
9. Essa versão foi extraída do "Chansonnier Clairambault" na Bibliothèque Nationale de France, ms. fr. 12717, p. 2.
10. "Affaire concernant les vers", em Bibliothèque de l'Arsenal, ms. 11690, fólio 151.
11. D'Hémery para Berryer, 9 jul. 1749, ibid., fólio 71.
12. "Affaire concernant les vers", ibid., fólio 151.
13. Esse é o título que aparece num *chansonnier* de treze volumes na Bibliothèque Historique de la Ville de Paris, ms. 639-51.
14. Para amostras da vasta literatura sobre esse tema, ver Alfred Lord, *The Singer of Tales* (Cambridge, Mass., 1960); e Americo Paredes e Richard Bauman (Orgs.), *Toward New Perspectives in Folklore* (Austin, 1972).

11. MÚSICA [pp. 84-106]

1. Em raras ocasiões, um *chansonnier* inclui as notas musicais e a letra de uma canção. Uma coletânea importante, o "Chansonnier Maurepas", contém dois volumes manuscritos com a música de quase todas as canções mencionadas em seus 35 volumes de letras. Bibliothèque Nationale de France (doravante, BnF), ms. fr. 12656-7.
2. Erving Goffman, *Frame Analysis: An Essay on the Organization of Experience* (Boston, 1986). Ver também Arthur Koestler, "Wit and Humor", na coletânea de ensaios de Koestler, *Janus: A Summing Up* (Nova York, 1978).
3. Os *chansonniers* usados nesta pesquisa são: "Chansonnier Clairambault", BnF, ms. fr. 12711-20, que cobre os anos 1737-50; "Chansonnier Maurepas", BnF, ms. fr. 12635 e 12646-50 (1738-47); "Oeuvres diaboliques pour servir à l'histoire du temps et sur le gouvernement de France", Bibliothèque Historique de la Ville de Paris, ms. 646-50 (1740-52); e outras coletâneas menos exaustivas na

Bibliothèque Historique de la Ville de Paris: ms. 580, 652-7, 706-7, 718, 4274-9, 4289 e 4312. As notas musicais podem ser encontradas em BnF, ms. fr. 12656-7 e especialmente na Coleção Weckerlin no Département de la Musique da BnF. Apoiei-me sobretudo numa obra impressa, *La Clef des chansonniers, ou Recueil de vaudevilles depuis cent ans et plus, notés et recueillis pour la première fois par J. -B.-Christophe Ballard* (Paris, 1717), 2 v., H Weckerlin 43 (1-2) e na coleção manuscrita de dez volumes intitulada "Recueil de vaudeville [sic], menuets, contredanses et airs détachées [sic]. Chanté [sic] sur les théâtres des Comédie française et italienne et de l'Opéra comique. Lesquels se jouent sur la flûte, vielle, musette, etc., par le sieur Delusse, rue de la Comédie française, à Paris. 1752"; Weckerlin 80A. Qualquer pessoa que trabalhe com essas fontes tem uma dívida com o grande musicólogo Patrice Coirault, notável por seu *Répertoire des chansons françaises de tradition orale: Ouvrage révisé et complété par Georges Delarue, Yvette Fédoroff et Simone Wallon* (Paris, 1996), 2 v. Eu gostaria de agradecer a meu antigo auxiliar de pesquisa, Andrew Clark, que fez algum trabalho preliminar para mim com essas fontes, e sobretudo aos colegas da BnF, que foram extremamente generosos com sua ajuda, a começar por Bruno Racine, *président*, e Jacqueline Sanson, *directrice générale*, e aos especialistas no Département de la Musique, em particular Catherine Massip e Michel Yvon.

4. A literatura sobre canções e música popular é vasta demais para ser apresentada aqui. Para um panorama conveniente e bem documentado, ver "Chanson", in François Moureau (Org.), *Dictionnaire des lettres françaises: Le XVIIIe siècle* (Paris, 1995), pp. 296-320. Apoiei-me bastante na obra de Patrice Coirault, em especial no seu *Répertoire des chansons françaises de tradition orale* (ver nota 3); e *Notre chanson folklorique* (Paris, 1941).

5. Ver, por exemplo, Jean-Antoine Bérard, *L'Art du chant* (Paris, 1755).

6. Louis-Sébastien Mercier, *Tableau de Paris*, org. de Jean-Claude Bonnet (reimp. Paris, 1994), v. I, p. 241.

7. Além das fontes citadas acima, existem muitos estudos de vaudeviles individuais. Para uma visão geral deles e de seu ambiente, ver Maurice Albert, *Les Théâtres de la foire, 1660-1789* (Paris, 1900). O mais revelador registro contemporâneo de canções e da composição de canções é Charles Collé, *Journal et mémoires de Charles Collé sur les hommes de lettres, les ouvrages dramatiques et les événements les plus mémorables du règne de Louis XV (1748-1772)*, org. de Honoré Bonhomme (Paris, 1868). Sobre o Caveau, ver Brigitte Level, *Le Caveau, à travers deux siècles: Société bachique et chantante, 1726-1939* (Paris, 1988); e Marie-Véronique Gauthier, *Chanson, sociabilité et grivoiserie au XIXe siècle* (Paris, 1992).

8. Mercier, *Tableau de Paris*, v. I, pp. 1283-4.

9. Ibid., v. I, p. 1285.

10. Uma canção chegou a celebrar um mascate que vendia almanaques: "*Or achetez petits et grands/ Cet almanach qu'on vous débite./ Il peut servir pour dix mille ans./ Jugez par là de son mérite*". Em "Recueil de vaudeville [sic], contredanses et airs détachées [sic]", v. VI, p. 369.

11. BnF, ms. fr. 12715, p. 59. Segundo Coirault, alguns folhetos de canções eram impressos pelas mesmas editoras, como Garnier e Oudot de Troyes, que produziam livretos de contos e almanaques; Coirault, *Notre Chanson folklorique*, pp. 165 e 304.

12. BnF, ms. fr. 12713, p. 35.

13. BnF, ms. fr. 12712, p. 233; ms. fr. 12713, p. 221; ms. fr. 12714, p. 22. Coirault menciona um aristocrata, o visconde de La Poujade, um tenente-coronel que compôs muitas canções, apesar de ser analfabeto; Coirault, *Notre Chanson folklorique*, pp. 125 e 134.

14. *La Gazette noire, par un homme qui n'est pas blanc; ou Oeuvres posthumes du Gazetier cuirassé* ("imprimé à cent lieues de la Bastille, à trois cent lieues des Présides, à cinq cent lieues des Cordons, à mille lieues de la Sibérie", 1784), pp. 214-7.

15. BnF, ms. fr. 12707, p. 173; ms. fr. 12712, p. 233; e ms. fr. 12713, p. 221.

16. BnF, ms. fr. 12716, p. 97. A canção de Pantin original do espetáculo de marionetes aparentemente é "Chanson de Pantin et de Pantine"; ibid., p. 67. Esse volume do "Chansonnier Clairambault" contém sete versões da canção de Pantin, todas de 1747.

17. Ver, por exemplo, "Chanson sur l'air 'Le Prévôt des marchands', sur M. Bernage, prévôt des marchands", BnF, ms. fr. 12719, p. 299; e uma canção semelhante sobre outro incidente, ms. fr. 12716, p. 115. Em sua função de *prévôt*, Bernage organizava várias cerimônias festivas que acabavam em confusão e o expunham a muitas canções satíricas. Exemplo de uma canção sobre fatos do momento — aqui, a queda de Bruxelas diante das tropas francesas, em 1746 — é "Chanson nouvelle sur le siège et la prise de Bruxelles par l'armée du roi commandée par Monseigneur le maréchal de Saxe, le 20 février 1746 sur l'air 'Adieu tous ces Hussarts avec leurs habits velus'", ms. fr. 12715, p. 21. Seus dois primeiros versos dizem: "*Dites adieu Bruxelles,/ Messieurs les Hollandais*".

18. BnF, ms. fr. 12720, p. 363.

19. *La Clef des chansonniers, ou Recueil de vaudevilles depuis cent ans et plus*, v. I, p. 130.

20. Num prefácio de *La Clef des chansonniers*, o compilador, J.-B.-Christophe Ballard, enfatizou que essa antologia era composta de canções "*dont la mémoire n'a pu se perdre après un long cours d'années*".

21. Pode ser ouvida numa gravação feita pelo Hilliard Ensemble, *Sacred and Secular Music from Six Centuries* (Londres, 2004).

22. Coirault, *Répertoire*, v. I, p. 2605. Coirault dá a seguinte versão do primeiro verso: "*Réveillez-vous, belle endormie,/ Réveillez-vous car il est jour./ Mettez la tête à la fenêtre,/ Vous entendrez parler d'amour*".

23. *Le Chansonnier français, ou Recueil de chansons, ariettes, vaudevilles et autres couplets choisis avec les airs notés à la fin de chaque recueil* (Paris?, 1760), v. X, p. 78. A maioria das canções e óperas cômicas de Panard data das décadas de 1730 e 1740, mas há certa chance de que ele tenha composto essas letras depois da queda de Maurepas, em 1749.

24. BnF, ms. fr. 13705, fólio 2.

25. São o "Chansonnier Clairambault" e o "Chansonnier Maurepas", mencionados anteriormente, na nota 3. Quer Maurepas estivesse ligado à canção que provocou sua queda, quer não, ele era bem conhecido como colecionador de canções e *pièces fugitives* satíricas. O "Chansonnier Maurepas" na BnF, que é composto de canções transcritas em caligrafia elegante, de secretário profissional, supostamente provém da sua coleção. Também estudei um terceiro *chansonnier*, "Oeuvres diaboliques pour servir à l'histoire du temps", citado na nota 3. É ainda mais rico do que os dois anteriores para esse período, mas só contém duas canções compostas para a melodia "Réveillez-vous, belle endormie", e uma delas é a versão atribuída a Maurepas. Inclui também um grande número de poemas e sátiras fortuitas, que não tomavam a forma de canções e, portanto, não precisa, a rigor, ser considerado um *chansonnier*.

26. BnF, ms. fr., 12708, p. 269. As outras três sátiras similares aparecem em ms. fr. 12708, pp. 55 e 273; e ms. fr. 12711, p. 112.

27. BnF, ms. fr. 12709, p. 355; ms. fr. 12711, p. 43; ms. fr. 12712, p. 223; e ms. fr. 12719, p. 247.

28. Tenha Maurepas composto ou não a canção, a versão anti-Pompadour era associada a ele e ele próprio pertencia ao "*devout*", ou seja, à facção antijansenista da corte.

29. BnF, ms. fr. 12649, fólio 173. As outras referências a "Réveillez-vous, belle endormie" ocorrem em ms. fr. 12635, fólios 147, 150 e 365; e em ms. fr. 12647, fólios 39 e 401.

30. Coirault, *Répertoire des chansons*, v. I, p. 225.

31. *Le Chansonnier français*, v. VIII, pp. 119-20.

32. BnF, ms. fr., 12709, p. 181. A canção tem oito versos, cada um é um ataque a um ministro, general ou cortesão. Ver também a versão, quase idêntica, em BnF, ms. fr. 12635, fólio 275.

33. Bibliothèque Historique de la Ville de Paris, ms. 580, pp. 248-9.

34. Ver na BnF "Chansonnier Clairambault", ms. fr. 12707, p. 427; 12708, p. 479; 12709, p. 345; 12715, pp. 23 e 173; e, no "Chansonnier Maurepas", ms. fr. 12635, fólios 239 e 355; 12649, fólio 221; e 12650, fólio 117. Também na Bibliothèque Historique de la Ville de Paris, ms. 648, p. 346.

35. BnF, "Chansonnier Clairambault", ms. fr. 12710, pp. 171 e 263; e ms. fr. 12711, pp. 267 e 361. Também BnF, "Chansonnier Maurepas", ms. fr. 12646, fólio 151; e ms. fr. 12647, fólio 209; e Bibliothèque Historique de la Ville de Paris, ms. 646, p. 231.

36. Entre as muitas abordagens antropológicas do simbolismo, ver especialmente Victor Turner, *The Forest of Symbols: Aspects of Ndembu Ritual* (Ithaca, NY, 1967); e idem, *Dramas, Fields, and Metaphors: Symbolic Action in Human Society* (Ithaca, NY, 1974).

12. CHANSONNIERS [pp. 107-21]

1. "Chansonnier dit de Maurepas", Bibliothèque Nationale de France, ms. fr. 12616-59; e "Chansonnier dit de Clairambault", ms. fr. 12686-743. Essas coleções cobrem largos períodos da história. Maurepas, famoso por colecionar canções e poemas de circunstância, talvez não tenha reunido pessoalmente a coleção associada a seu nome, que está encadernada com suas armas estampadas na capa dos volumes. Ela não vai além de 1747 e, portanto, oferece pouca ajuda para o estudo do Caso dos Catorze. A coleção de Clairambault é muito rica, porém os mais ricos são os *chansonniers* menos conhecidos da Bibliothèque Historique de la Ville de Paris, sobretudo os ms. 580 e 639-51. Ver Emile Raunié, *Recueil Clairambault-Maurepas, chansonnier historique du XVIIIe siècle* (Paris, 1879). Nenhuma das coletâneas publicadas, mesmo a de Raunié, sequer chega perto da riqueza dos *chansonniers* manuscritos. Mas é possível aprender muita coisa com os estudos dos folcloristas, em particular de Patrice Coirault. Ver Coirault, *Notre Chanson folklorique* (Paris, 1941); e idem, *Formation de nos chansons folkloriques* (Paris, 1953-63).

2. E.-J.-B. Rathery (Org.), *Journal et mémoires du marquis D'Argenson* (Paris, 1862), v. V, p. 343. D'Argenson fez esse comentário em dezembro de 1748, seis meses antes do Caso dos Catorze. Seus comentários, muitas vezes repetidos nas semanas subsequentes, confirmam os dados dos *chansonniers* para os últimos meses de 1748 — a saber, que a enxurrada de canções teve início muito antes da prisão dos Catorze e que esse caso representou apenas uma pequena parte de um fenômeno muito maior. O famoso gracejo de Chamfort é citado em Marc Gagné e Monique Poulin, *Chantons la chanson* (Quebec, 1985), p. IX. Não consegui localizar a citação original nas obras de Chamfort.

3. Por exemplo, "Quel est le triste sort des malheureux Français", no "Chansonnier Clairambault", ms. fr. 12719, p. 37; e na Bibliothèque Historique de la Ville de Paris, ms. 649, p. 16. Este último também contém "Peuple jadis si fier, aujourd'hui si servile" (p. 13) e "Lâche dissipateur des biens de tes sujets" (p. 47).

4. Bibliothèque Historique de la Ville de Paris, ms. 649, p. 40.

5. Bibliothèque Nationale de France, ms. fr. 13709, fólio 43.

6. Bibliothèque Historique de la Ville de Paris, ms. 649, p. 35.

7. Ibid., fólio 71. Essa canção, uma das mais amplamente difundidas, era para ser cantada "*sur l'air Tes beaux yeux ma Nicole*" [sobre a melodia de "Tes beaux yeux ma Nicole"].

8. Bibliothèque Nationale de France, ms. fr. 13701, fólio 20.

9. Bibliothèque de l'Arsenal, ms. 11683, fólio 125. Essa foi uma das canções confiscadas de Mathieu-François Pidansat de Mairobert.

10. Bibliothèque Historique de la Ville de Paris, ms. 649, p. 31. Ver também o poema *affiche* semelhante na p. 60.

11. Bibliothèque Nationale de France, ms. fr. 13709, fólio 42v.

12. Ibid., ms. fr. 12719, p. 37.

13. Bibliothèque Historique de la Ville de Paris, ms. 649, p. 50.

14. D'Argenson, *Journal et mémoires*, v. v, p. 380.

15. Ibid., p. 347.

16. Ibid., p. 369.

17. Ibid., p. 411.

18. Bibliothèque Nationale de France, ms. fr. 12720, p. 367.

19. Bibliothèque Historique de la Ville de Paris, ms. 650, p. 261.

20. O registro da polícia e o poema provêm da Bibliothèque Nationale de France, n.a.f., 10781. Acrescentei o verso que aparece entre colchetes a fim de restaurar o que parece ser uma lacuna na rima e na cadeia de pensamento.

13. RECEPÇÃO [pp. 122-7]

1. Edmond-Jean-François Barbier, *Chronique de la Régence et du règne de Louis XV (1718-1763), ou Journal de Barbier, avocat au Parlement de Paris* (Paris, 1858), v. IV, p. 331. O relato do sequestro, um dos mais longos em todo o diário, vai da p. 329 até a p. 335.

2. Ibid., pp. 335 e 330.

3. Ibid., p. 350.

4. E.-J.-B. Rathery (Org.), *Journal et mémoires du marquis D'Argenson* (Paris, 1862), v. v, p. 392. Notem, no entanto, o relato menos dramático em Barbier, *Chronique*, v. IV, p. 352.

5. Barbier, *Chronique*, v. IV, p. 351. D'Argenson dá o número de duzentas pessoas mortas ou feridas: *Journal et mémoires*, v. IV, p. 391.

6. D'Argenson, *Journal et mémoires*, v. IV, p. 391.

7. Charles Collé, *Jornal et mémoires de Charles Collé sur les hommes de lettres, les ouvrages dramatiques et les événements les plus mémorables du règne de Louis XV (1748-1772)*, org. de Honoré Bonhomme (Paris, 1868), v. I, p. 32. Dois poemas burlescos, em forma de *affiches*, ecoavam o mesmo tema: Bibliothèque Historique de la Ville de Paris, ms. 649, p. 31 ("Affiche au sujet du Prétendant") e p. 60 ("Affiche nouvelle au sujet du prince Edouard"). Tais poemas figuravam muitas vezes em impressos populares, *canards* (noticiários falsos ou chistosos) ou panfletos; mas, a julgar pelos *chansonniers*, não está claro se eram frequentes também nesses casos.

8. D'Argenson, *Journal et mémoires*, v. V, p. 403.

9. François Ravaisson, *Archives de la Bastille* (Paris, 1881), v. XV, pp. 242-3. O relatório do espião mostra que o povo discutia questões de política internacional. Ele descreveu um grupo de artesãos: "*Etant à boire de la bière et à jouer aux cartes dans le fond d'une cour, chez Cousin, rue Saint Denis, au Boisseau royal,* [*ils*] *parlèrent de la guerre et de ce qui y avait donné lieu. L'un d'eux dit aux autres que c'était la suite de la mauvaise foi du roi de France; que le roi était un jean-foutre d'avoir, par le ministère du cardinal de Fleury, signé la Pragmatique Sanction*" (Enquanto bebiam cerveja e jogavam cartas nos fundos de um pátio na casa de Cousin, Rue Saint Denis, no Alqueire Real, [eles] falavam da guerra e do que viera depois. Um deles disse aos demais que era a consequência da má-fé do rei da França; que o rei era um palerma por ter assinado a Sanção Pragmática, por influência do cardeal Fleury). A Sanção Pragmática era a garantia, exigida pelo sagrado imperador romano Carlos VI, de que todas as terras dos Habsburgo seriam herdadas por sua filha, Maria Theresa.

10. Collé, *Journal et mémoires*, v. I, p. 48.

11. Barbier, *Chronique*, v. IV, p. 340.

12. D'Argenson, *Journal et mémoires*, v. V, p. 372.

13. *Vie privée de Louis XV, ou Principaux événements, particularités et anecdotes de son règne* (Londres, 1781), v. II, pp. 301-2. Ver também *Les Fastes de Louis XV, de ses ministres, maîtresses, généraux et autres notables personnages de son règne* (Villefranche, 1782), v. I, pp. 333-40.

14. UM DIAGNÓSTICO [pp. 128-32]

1. E.-J.-B. Rathery (Org.), *Journal et mémoires du marquis D'Argenson* (Paris, 1862), v. V, p. 410.

2. Ibid., p. 445.
3. Ibid., p. 450.
4. Ibid., p. 491.
5. Ibid., v. VI, pp. 202-19. Sobre esse episódio, ver Arlette Farge e Jacques Revel, *Logiques de la foule: L'Affaire des enlèvements d'enfants à Paris, 1750* (Paris, 1988).
6. D'Argenson, *Journal et mémoires*, v. V, p. 343.
7. Ibid., p. 393.
8. Ibid., p. 402.
9. Ibid., p. 393.
10. Ibid., p. 404.
11. Ibid., p. 406.
12. Ibid., p. 411.
13. Ibid., p. 410.
14. Ibid., p. 443. Ver também a reação de D'Argenson à notícia da resistência do Parlamento ao imposto, em mar. 1749 (p. 443): "*Cela pourrait être suivi d'une révolte populaire, car ici le parlement ne parle pas pour ses droits et pour ses hautaines prérogatives, mais pour le peuple qui gémit de la misère et des impôts*" (A isso poderia suceder uma revolta popular, porque neste caso o Parlamento não está falando por seus direitos e elevadas prerrogativas, mas pelo povo que sofre com a pobreza e os impostos).
15. Ibid., pp. 450, 365, 443 e 454. A última citação não aparece na edição de Rathery, mas pode ser encontrada na edição de 1857: *Mémoires et journal inédit du marquis D'Argenson* (Paris, 1857), v. III, p. 382.
16. Ibid., v. III, p. 281. Essa expressão também não ocorre na edição de Rathery.
17. Ver John Brewer, *Party Ideology and Popular Politics at the Accession of George III* (Cambridge, 1976).
18. D'Argenson, *Journal et mémoires*, v. V, p. 384.
19. Ibid., p. 444.

15. OPINIÃO PÚBLICA [pp. 133-43]

1. Existe uma vasta literatura sobre esse assunto produzida por sociólogos e especialistas em comunicação, que é revisada regularmente (junto com atualizações de intermináveis e conflitantes definições de "opinião pública") em *Public Opinion Quarterly*. Um exemplo no mundo contemporâneo do tipo de fenômeno que detecto na Paris do século XVIII é descrito pelo dissidente chinês Wei

Jingsheng, que passou a maior parte da vida na prisão, depois de participar do movimento do "Muro da Democracia": "Qualquer reforma rumo ao desenvolvimento da democracia e do socialismo será falha e inútil sem o forte apoio do povo [...]. Sem o estímulo de um forte movimento de base respaldado pelo sentimento popular (também chamado de "opinião pública"), a tentação rumo à ditadura é irresistível". Carta a Deng Xiaoping e Chen Yun, 9 nov. 1983, citado em *New York Review of Books*, 17 jul. 1997, p. 16.

2. Como exemplo de estudos históricos que atribuem um papel importante à opinião pública num estágio inicial do século XVIII na França, ver Daniel Mornet, *Les Origines intellectuelles de la Révolution française, 1715-1787* (Paris, 1933), v. I; Michel Antoine, *Louis XV* (Paris, 1989), p. 595; e Arlette Farge e Jacques Revel, *Logiques de la foule: L'Affaire des enlèvements d'enfants, Paris 1750* (Paris, 1988), p. 131.

3. A versão mais convincente desse argumento, na minha opinião, é de Keith Michael Baker, *Inventing the French Revolution: Essays on French Political Culture in the Eighteenth Century* (Cambridge, 1990), sobretudo a introdução e o cap. 8. Ver também Mona Ozouf, "L'Opinion publique", in Keith Michael Baker (Org.), *The French Revolution and the Creation of Modern Political Culture*, v. I: *The Political Culture of the Old Regime* (Nova York, 1987), pp. 419-34.

4. C. G. de Lamoignon de Malesherbes, *Mémoire sur la liberté de la presse*, reimp. in Malesherbes, *Mémoires sur la librairie et sur la liberté de la presse* (Genebra, 1969), p. 370.

5. J.-A.-N. Caritat, marquês de Condorcet, *Esquisse d'un tableau historique des progrès de l'esprit humain*, org. de O. H. Prior (Paris, 1933; publicado originalmente em 1794), "Huitième époque: Depuis l'invention de l'imprimerie, jusqu'au temps où les sciences et la philosophie secouèrent le joug de l'autorité", p. 117.

6. Louis-Sébastien Mercier, *Mon Bonnet de nuit* (Lausanne, 1788), v. I, p. 72. Mercier repetiu essas observações e as seguintes em suas outras obras, notavelmente em *Tableau de Paris* (Amsterdam, 1782-8) e em *De la Littérature et des littérateurs* (Yverdon, 1778).

7. Mercier, *Tableau de Paris*, v. IV, p. 260.

8. Ibid., pp. 258-9.

9. Louis-Sébastien Mercier, *Les Entretiens du jardin des Tuileries de Paris* (Paris, 1788), pp. 3-4.

10. Mercier, *Tableau de Paris*, v. VI, p. 268.

11. Ibid., p. 269.

12. J.-A.-N. Caritat, marquês de Condorcet, "Lettres d'um bourgeois de New-Haven à un citoyen de Virginie sur l'inutilité de partager le pouvoir législatif entre plusieurs corps" (1787); idem, "Lettres d'un citoyen des Etats-Unis à un

Français, sur les affaires présentes" (1788); idem, "Idées sur le despotisme, à l'usage de ceux qui prononcent ce mot sans l'entendre" (1789); e idem, "Sentiments d'un républicain sur les assemblées provinciales et les Etats Généraux" (1789). Todos em A. Condorcet O'Connor e M. F. Arago (Orgs.), *Oeuvres des Condorcet* (Paris, 1847), v. 9.

13. Morellet para lorde Shelburne, 28 set. 1788, in Edmund Fitzmaurice (Org.), *Lettres de l'abbé Morellet* (Paris, 1898), p. 26. Não quero dizer que a opinião pública era coerente. Na época em que Morellet escreveu, ela estava mudando para o lado contrário ao do Parlamento de Paris, o qual tinha acabado de recomendar que os estados-gerais fossem organizados tal como havia ocorrido quando se reuniram em 1614 — ou seja, de um modo que favorecia a nobreza e o clero, em detrimento dos plebeus.

CONCLUSÃO [pp. 144-9]

1. Ver Robert Darnton, "A Police Inspector Sorts His Files", in Darnton, *The Great Cat Massacre and Other Episodes in French Cultural History* (Nova York, 1984), pp. 145-89. [Ed. bras.: *O grande massacre de gatos e outros episódios da história cultural francesa.* Rio de Janeiro: Graal, 1986.]

2. R. G. Collingwood, *The Idea of History* (Oxford, 1946); e Carlo Ginzburg, *Clues, Myths, and the Historical Method* (Baltimore, 1989). [Ed. bras.: *Mitos, emblemas, sinais: Morfologia e história.* São Paulo: Companhia das Letras, 1989.]

3. Ver os ensaios de Skinner nos caps. 2-6 de *Meaning and Context: Quentin Skinner and His Critics*, org. de James Tully (Princeton, 1988).

Créditos das imagens

p. 2: Bibliothèque Nationale de France, Département des Estampes.

pp. 12, 69, 76, 79: Bibliothèque de l'Arsenal.

p. 91: Pintura de Louis Joseph Watteau, 1785. Palais des Beaux Arts, Lille, France. Foto: Réunion des Musées Nationaux/ Art Resource, Nova York.

p. 93: Bibliothèque Nationale de France, Département de Musique.

p. 95: Bibliothèque Nationale de France, Département de Musique.

p. 114: Bibliothèque Nationale de France.

Índice remissivo

Os numerais em *itálico* referem-se às páginas com imagens

"A la façon de Barbari" *ver* "Biribi" (canção)
abades: alfabetização de, 9; como ouvintes de poemas, 107; prisões de, 32, 55; redes de comunicação e, 26, 34; *ver também* padres
Académie Française, 100, 119
advogados, 26, 32, 57, 61, 119, 122, 125
Aix-la-Chapelle, Paz de, 51, 62, 108, 148; canções sobre, 73, *114*, 178, 184-5; charadas e, 109; impopularidade entre parisienses, 184; povo e, 123; *ver também* Guerra da Sucessão Austríaca
amantes reais, 37-8, 46, 48, 62, 64, 66, 70; *ver também* Pompadour, marquesa de
Amis de la Goguette (Amigos da Farra), 119

Ana, rainha, 124
Ancien Régime (Antigo Regime), 46, 143; derrocada do, 18; mundo simbólico das pessoas comuns sob o, 106; sistema de comunicação do, 9, 177; trabalho da polícia no, 133
antropólogos, 82, 106
Argenson, René de Voyer de Paulmy, marquês de: diário de, 34, 39, 47, 59, 108, 128-32; funeral de Coffin, 202; opinião pública e, 128-32; sobre as *Poissonades*, 130-1; sobre chistes contra Luís XV, 117; sobre Luís XV e a opinião pública, 46-8; sobre Maurepas e Mme. de Pompadour, 39; sobre poemas relativos ao Caso do Príncipe Edouard, 123-6; sobre revolta popular como possibilidade, 131, 211
árias de óperas, 178
artesãos, 34, 124, 210
"árvore de Cracóvia", 129

Assembleia dos Notáveis, 140
"associações de orgias e de cantorias", 119
"Au clair de la lune" (melodia popular), 191

baladas, 71, 80, 91, 108, 113, 134, 144, 178
Ballard, J.-B.-Christophe, 92, 205-6
"Baptiste dit le Divertissant" (autor fictício), 92
Barbier, Edmond-Jean-François, 59, 122-3, 125, 199-200, 202, 209-10
"Barnaba" (canção), 94
Bastilha, 32, 44; arquivos da, 9, 20, 34, 52, 55, 133, 161, 203; Caso dos Catorze e, 9, 15, 17, 22, 26, 42; enxurrada de presos na, 54, 127; queda da, 106, 144; Sigorgne na, 30
Baussancourt, Louis-Félix de, 22, *23*, 29, 77, 146, 169-70, 197-8
"Bazolle dit le Père de la Joye" (autor fictício), 92
"Beauchant" (autor fictício), 92
Beaumont, arcebispo Christophe de, 54
"Belhumeur, chanteur de Paris" (autor fictício), 92
Belle-Isle, marechal de, 81, 157, 163, 181
Bellerive, J.-A.-B., 55
"Béquille du père Barnabas, La" (canção), 94
Berryer, Nicolas René, 14, 17, 150, 195; como protegido de Mme. de Pompadour, 40; comunicações do conde D'Argenson com, 33, 62, 200; cortesãos e, 34; relatórios da polícia entregues por, 46; zombado em canção, 73

Bibliothèque de l'Arsenal, 150, 158, 161, 163, 168, 184, 195-7, 199-204, 209
Bibliothèque Historique de la Ville de Paris, 108, 151, 154-5, 159, 162, 164, 166, 183, 186-7, 196, 200, 204, 207-10; popularidade das canções nos *chansonniers*, 174; versões de "Qu'une bâtarde de catin" na, 156
Bibliothèque Nationale de France, 10, 37, 85, 162-4, 167, 175, 177, 179, 190, 192-4, 196, 200, 202-4, 208-9; *ver também* "Chansonnier Clairambault"; "Chansonnier Maurepas"
"Biribi" (canção), 113, 115, 174, 184
boatos: Caso do Príncipe Edouard e, 124; diário do marquês D'Argenson e, 129; difusão de, 34; monitorados por Luís XV, 46; *on dits*, 46, 123
boca a boca, informações trocadas de, 122
Bon, abade, 30-1, 199, 203
Bonis, François, 14-7, 168; ardil da polícia para prender, 14, 32; exílio de, 43; jansenismo e, 26; rede de comunicação de, 21, *23*, 25, 27
"Bonnie Prince Charlie" *ver* Edouard, príncipe (o Pretendente), Caso de
bons mots, 10, 27, 61, 108
Bourbon, duque de, 41
Boursier, 58
Boyer, Jean François, bispo de Mirepoix, 157, 182
Brienne, Etienne Loménie de, 135, 140-2
Brittanicus (Racine), 65
bruits publics (rumores públicos), 129, 148
burguesia, 22, 34
burlescos, gêneros, 115-6, 124, 210

"Burlon de la Busquaberie, Messire Honoré Fiacre" (personagem fantasioso), 92

Café du Caveau, 89
Café Procope, 56
cafés, 20, 50, 55; canções nos, 89; fofoca de, 134; investigação da polícia e, 32, 145; rei malfalado nos, 56
Calonne, Charles-Alexandre de, 135, 140
canards (noticiários falsos ou chistosos), 124, 210
canções, 10, 27; canções de rua e menestréis, 87-90, *91*, 92, 177; como noticiário, 82; contexto de comunicação e, 147; de bebedeira, 108, 120, 144, 186; diário do marquês D'Argenson e, 129; fungibilidade das palavras e da música, 95; livros de canções manuscritos, 93, 95; odes, 57, 80, 144; poemas tópicos cantados em melodias populares, 71; política da Corte de Versailles e, 39; recepção às, 80; relatórios da polícia sobre, 47; sensibilidade de Luís XV à opinião pública e, 47; vaudeviles, 88; *ver também* baladas; *chansonniers*
cantos de Natal (*noëls*), burlescos, 87, 116, 144, 178, 192
capitation, imposto, 53
Carlos VII, 64
"Carrillon de Dunkerque, Le" (melodia popular), 174
cartazes, 115, 124, 138
Caso dos Catorze (*L'Affaire des Quatorze*), 8, 9, 10, 54, 144; ambiente do Quartier Latin e, 61, 62; ausência de mentalidade revolucionária do, 31, 148; canções ligadas ao, 85, 87, 96-106, 178-80, 182-3; como parte de um fenômeno mais amplo, 60, 125, 208; difusão dos poemas, 16-7, 23; espiões da polícia de D'Hémery e, 58; formação intelectual do, 31; investigação e sequência de prisões, *12*, 13-7; Mairobert e, 74; *nouvellistes* e, 75; opinião pública e, 18, 142; perigo ideológico para o Ancien Régime e, 28; pesquisa histórica e, 145; plateias para os poemas e as canções, 107-8; política da corte de Versailles e, 36, 40, 45; prisões fora do círculo original, 57; redes de comunicação e, 21-2, 23, 24-6, 77; relatório da polícia sobre, 168-71; repressão dos *mauvais propos* e, 59; variedades de poesia e, 119
"Cela ne durera pas longtemps" (melodia popular), 95
celebração do jubileu, 118
Chamfort, Sébastien, 108, 208
"Chansonnier Clairambault", 99, 101, 204, 206-9; chistes deixados de fora do, 116; popularidade das melodias no, 175; tamanho do, 108
Chansonnier historique du XVIIIe *siècle* (Raunié), 163, 201
"Chansonnier Maurepas", 37, 99, 101, 204, 207-8; popularidade das melodias no, 175; "Réveillez-vous, belle endormie", 99-101, 207; tamanho do, 108
chansonniers: baladas populares, 113; charadas e, 109; "chaves" para as melodias, 84-5, 87; diatribes, 116; gêneros burlescos, 115-6; jogos de

palavras e, 110; letras transcritas de, 177; piadas e chistes, 112; poemas do Caso dos Catorze e, 96-106, 150, 154, 158; popularidade das melodias e, 172-6; redes de comunicação e, 108; zombaria em, 110-1; *ver também* canções

chansons (canções populares), 21, 108, 163, 180, 191, 199, 205, 207-8

charadas, 10, 81, 109

Châteauroux, Marie Anne de Nesle, duquesa de, 37, 48

Chauvelin, Germain-Louis, 186

ciências humanas, 8, 32

Clef des chansonniers, La (Ballard), 92, 178, 205-6

Clément, Jacques, 118

clero, 28, 35, 53-4, 131, 213

Coffin, Charles, 54, 100-1, 202

Coirault, Patrice, 97, 102, 205-8

Collé, Charles, 34, 89, 119, 125, 130, 199-200, 205, 210

Collège d'Harcourt, 27, 170, 198

Collège de Bayeux, 169, 198

Collège de Beauvais, 26

Collège de Navarre, 32

Collège des Quatre Nations, 58

Collège du Plessis, 24, 29, 31, 59, 170, 197

Collège Louis-le-Grand, 14-5

Collingwood, R. G., 146, 213

Comédie française, 205

comunicação e redes de comunicação: Caso dos Catorze como pequena parte de, 60, 125, 208; *chansonniers* e, 108; comunicação escrita, 8, 161; consciência das questões públicas e, 148; contexto de comunicação, 147; diagrama na investigação da polícia, 21, *23*; história da comunicação, 7-8, 172; intervenção da Corte na, 34; opinião pública e, 19; sistema de comunicação de Paris, 148; transmissão de poemas, 17

comunicação escrita, 8, 161

comunicação oral, 8, 81-2, 145, 177; evolução do texto através da, 161; historiadores e, 11

Condorcet, marquês de, 135-6, 138, 141-2, 212-3

Confrérie des Buveurs (Confraria dos Glutões), 119

Considérations sur le gouvernement ancien et présent de la France (marquês D'Argenson), 128

"Coquette sans le savoir, La" (melodia popular), 174-5, 194

cortesãos, 34-5, 49, 61; decadência dos, 145; difusão de poemas e, 134; rivalidades políticas de Versailles e, 178; zombados em canção, 73, 207

Cumberland, duque de, 183

D'Aguesseau, chanceler Henri-François, 26, 78, 157

D'Argenson, Marc Pierre de Voyer de Paulmy, conde, 14, 17, 26; ascendência política de, 129; como aliado político de Mme. de Pompadour, 37, 40; como chefe de investigação na polícia, 32; denunciado em poema, 65; estrofes de canções sobre, 182; Luís XV e, 33, 35; política da Corte de Versailles e, 40, 47; relatórios policiais para, 33; sobre as origens dos poemas investigados no Quartier Latin, 17, 61

D'Argent, André, 57

D'Estrades, Mme., 38
D'Hémery, Joseph, 14-5, 58, 145, 171, 199, 202-4
daguerreótipo, 8
Damiens, Robert, 49, 202
Daubigné, Agrippa, 65
De l'Esprit des lois (Montesquieu), 129
Delavault, Hélène, 10-1, 85, 97, 177, 180; "Au clair de la lune" usada como melodia para *Poissonade*, 191; cantores de rua na Paris do século XVIII, 88
delfim, 37, 48, 72, 180, 193
Desforges, Esprit-Jean-Baptiste, 57-8
dévôts (facção ultracatólica), 132
diatribes, 116
Diderot, Denis, 31, 146
"Dirai-je mon Confiteor" (melodia popular), 102, 105-6, 162, 173-5, 179, 196
Discours des misères de ce temps (Ronsard), 65
discurso, 18, 19
dixième, imposto, 53
dossiês de polícia, 8, 28, 31; de Desforges, 57; de Mairobert, 161; diagramas de redes e comunicação, 21, 23; relatórios de espiões, 56; sobre *mauvais propos* (maledicência), 56
Doublet, Mme. M.-A. Legendre, 75, 167
Dromgold, 58
Du Chaufour, Lucien François, 16, *23*, 24, 27, 169-71, 198
Du Terraux, François Louis de Vaus Travers, *23*, 29, 80, 171, 196
Dubois, Mme., 120
Dujast, Alexis, 16, 21, *23*, 25, 146, 169, 197

Dupré de Richemont, 55

"Echos de la cour: Chanson", 73, 161, 169-70
"Echos, Les", 110
ecos, como recurso retórico, 188
Edouard, Jean, padre, 16
Edouard, príncipe (o Pretendente), Caso do, 54, 65, 108; cartazes burlescos e, 116, 124; *chansonnier* de protesto sobre, 116; descrição de Barbier do sequestro do, 122-3; diário do marquês D'Argenson e, 130; estrofe zombeteira sobre a Guarda Francesa, 110; expulsão do Pretendente francês, 51, 148; odes e, 57; poemas em louvor de Edouard, 61-3, 146; "Quel est le triste sort des malheureux Français" e, 150; repercussão entre o povo de Paris, 123-7
Edward VIII da Inglaterra, 86
"Eh, y allons donc, Mademoiselle" (melodia popular), 174
émotions populaires (revoltas em grande escala), 129
Encyclopédie (Diderot), 31
énigmes (charadas), 81
Entretiens du Jardin des Tuileries de Paris (Mercier), 139
Entretiens du Palais-Royal de Paris, Les (Mercier), 139
epigramas, 27, 61, 81
Escócia, 51, 115
escreventes, 17, 27-8, 32, 134
esfera pública, 20
espiões de polícia, 37, 56, 124; cadeia de prisões no Caso dos Catorze e,

13-4; D'Hémery e, 14, 58; Mairobert e, 74
Esquisse d'un tableau historique des progrès de l'esprit humain (Condorcet), 135, 212
estados-gerais, 141-2, 213
Estados Unidos, 141
estudantes, 15, 17, 28, 61; ambiente da universidade do Quartier Latin e, 134; canções cantadas por, 88; redes de comunicação e, 34; trocas poéticas entre, 77
execuções, canções sobre, 84, 90
"Exílio do M. de Maurepas, O" (poema), 13, 39, 40; *ver também* "Monstre dont la noire furie" (poema)
exílio, como castigo, 30, 43, 51

Fagan, Barthélemy Christophe, 89
Favart, Charles Simon, 88, 119
Fleur de Montagne, 56
Fleury, André Hercule, cardeal de, 103-4, 210
folcloristas, 82, 97, 208
Fontigny, Claude-Michel Le Roy de, 57-8
Foucault, Michel, 19, 196
França, 50-1, 62, 66, 89, 139
Franklin, Benjamin, 141
Frederico II da Prússia, 50
Fronda, 45-6, 131, 178
frondeurs (agitadores comparáveis aos rebeldes de 1648), 56, 132

Gallet, Pierre, 89
George II da Inglaterra (Hanover), 50, 63-5, 124, 183; cartazes burlescos e, 115, 124; filho de, 183
Ginzburg, Carlo, 146, 213

Gisson, abade, 15
Goffman, Erving, 32, 87, 204
Gosseaume, viúva, 56
Guerra da Sucessão Austríaca, 50-1, 53, 100, 105, 184; *ver também* Aix-la-Chapelle, Paz de
guinguettes (bares populares), 88, 107
Guyard, Christophe, 22, 31, 158, 169-70; "Qu'une bâtarde de catin" e, 77, *79*, 80-1; rede de comunicação de, 22, *23*, 26, 146; testemunho sobre Sigorgne, 29

Habermas, Jürgen, 19-20, 196
"Haïe, haïe, haïe, Jeannette" (melodia popular), 193
Hallaire, Jacques Marie, 16, 31, 146, 169; ambiente familiar de, 24; exílio de, 42; interrogatório de, 158; rede de comunicação de, 21-2, *23*, 25
Helvétius, Claude Adrien, 59
Henrique III, 118
Henrique IV, 48, 63-4, 118
história, sons do passado e, 10
Holanda, 50, 123, 183
Horácio, 65

Igreja católica, 8, 24, 27, 30, 53, 121
Iluminismo, 31, 135, 137-8
impostos *ver* taxação
imprensa, 8, 136-7
indignatio, princípio clássico de, 61, 65
Inglaterra, 43, 51, 132, 139, 142
Instituitions newtoniennes (Sigorgne), 30
intelectuais no clero, 28
internet, 8, 85, 134, 149, 177
Isis (ópera de Lully), 188

Itália, 110; renascentista, 35

jacobitas, 51-2, 125, 130, 203
jansenismo, 25, 54, 101, 182; canções e, 100; Collège de Beauvais e, 26; condenado como heresia, 25; diário do marquês D'Argenson e, 129; facção do Parlamento, 75; renascimento de discussões sobre, 131
"Jardinier, ne vois-tu pas" (melodia popular), 174
jardins públicos, 50, 75, 129, 138
Jefferson, Thomas, 141
jesuítas, 33, 58
"Joconde" (melodia popular), 174
jogos de palavras, 110, 119
Jolyot de Crébillon, Claude-Prosper, 73, 89
jornais, 15, 52, 84, 86, 123
Jouret, Denis Louis, 16, 22, *23*, 27, 169--70, 198
Juvenal, 65

"L'État de la France, sur l'air Mon amant me fait la cour", 161
La Popelinière, adultério de, 73
La Vrillière, Louis Phélypeaux de Saint-Florentin, duque de, 186-7
"Lâche dissipateur des biens de tes sujets" (poema), 159, 209
Ladoury, *23*, 27, 171
Lamoignon de Malesherbes, Chrétien Guillaume de, 135, 212
"Lampons" (melodia popular), 173-4
Langlois de Guérard, 22, *23*, 27, 170
latim, 59
Lattaignant, Gabriel-Charles, 89, 119
Lawfeldt, Batalha de, 178, 183
Le Boulleur de Chassan, 55

Le Bret, A., 56
Le Mercier, Jean, 170, 196; exílio de, 43; "Qu'une bâtarde de catin" e, 77-8; rede de comunicação de, 22, *23*, 24
Le Normant d'Étioles, Charles--Guillaume, 70, 193
Le Normant de Tournehem, Charles François Paul, 193
LeClerc, J.-L., 55, 56
lèse-majesté, 13, 40
letras, homens de, 136
Lettre sur les aveugles (Diderot), 31, 146
lettres de cachet, 33
lits de justice, 47
livros: história do livro, 8; inspetor do comércio de, 14, 58
Lowend'hal, Waldemar, marechal de, 109
Luís XIV, 37, 51, 54, 124
Luís XV, 9, 61, 180; amantes de, 37-8, 46, 48, 62, 66, 70; Caso do Príncipe Edouard e, 51-2, 62-3, 115-7, 124, 126; como *le bien-aimé* (o bem--amado), 47, 105, 117, 119, 121; em jogos de palavras, 110; Guerra da Sucessão Austríaca e, 50-1, 53; lealdade declinante dos súditos em relação a, 126; *lettres de cachet* assinadas por, 33; Maurepas e, 13, 36; memória coletiva e, 145; modelo clássico de indignação contra, 66--7; opinião pública e, 46-8, 128; origens da relação com Mme. de Pompadour, 193; Paz de Aix-la--Chapelle e, 51; política da Corte sob, 37; vida sexual de, 31, 48, 201;

zombado em canção, 72, 104-5, 194
Luís XVI, 31
Lully, Jean-Baptiste, 188

Machault d'Arnouville, Jean-Baptiste, 47, 53
Mailly, Louise Julie de Nesle, condessa, 38
Mainneville, 58
Mairobert, Mathieu-François Pidansat de, 56, 196; ambiente de *nouvellistes*, 75; investigação da polícia e prisão de, 74-5, 161, 203; "Qu'une bâtarde de catin" e, 81
Malesherbes *ver* Lamoignon de Malesherbes
Manjot, 23
Maria Theresa da Áustria-Hungria, 50, 124, 163, 210
maridos traídos, 73, 113
marionetes, espetáculos de, 94
mascates, 72, 88, 92
Maubert de Freneuse, 16-7, *23*, 171, 198
Maubert, Jean-Jacques Michel, *23*, 198
Maupeou, René Nicolas Charles Augustin de, 158, 182
Maurepas, Jean Frédéric Phélypeaux, conde de, 101, 129, 182; canção de bebedeira sobre, 186; canção responsável pela queda de, 96, 101, 176, 178-9; canções e poemas coligidos por, 99, 208; demissão e exílio de, 13, 58, 62, 146, 186; incidente de Pompadour e jacintos brancos, 98, 165-6; política da Corte de Versailles e, 36-40, 47; relatórios para Luís XV, 46

mauvais propos (maledicência), 9, 17, 55, 124; Caso do Príncipe Edouard e, 123; monitorados por Luís XV, 46; onda de repressão contra, 59
Mazarinades, 45, 131, 178, 201
Mazarino, cardeal, 45-6, 178
Mellin de Saint-Hillaire, F.-P., 55
memória: coletiva, 145, 172; melodias como instrumentos mnemônicos, 85; poemas guardados de, 9, 80, 146
memórias, 122, 133, 147
Mercier, Louis-Sébastien, 88, 136, 205, 212
Merlet, François Philippe, 56
"Messieurs nos généraux sont honnêtes gens" (melodia popular), 190
mexericos políticos, 28, 37, 39, 129, 134
mídia, opinião pública e, 20
ministros, 61, 108, 145; cantos de Natal burlescos e, 191; espetáculos de fantoches e, 94; estrofes de canção sobre, 72-3, 100, 207; indignação contra, 65-6; *mauvais propos* (maledicência) contra, 55; opinião pública e, 46; rivalidades políticas de Versailles e, 178
Mon Bonnet de nuit (Mercier), 138, 212
Moncrif, François-Augustin Paradis de, 119
"Monstre dont la noire furie" (poema), 13, 62; como objeto principal da investigação da polícia, 29, 150; difusão de, 21, *23*; nos relatórios da polícia, 40; *ver também* "Exílio de M. de Maurepas, O" (poema)

Montange, Inguimbert de, 16, 21, *23*, 24-5, 168-9

Montesquieu, Charles de Secondat, barão de La Brède e de, 129

Mont-Saint-Michel, prisão de, 58

moralidade, 68, 137

Morellet, André, 30-1, 135, 142, 199, 203, 213

"Mort pour les malheureux, La" (melodia popular), 175

mulheres: alfabetização e, 8; vendedoras de feira, 88, 123; *vielleuses*, 94

multivocalidade, 106

música, 107, 176; adaptabilidade de letras e melodias, 190; arquivos musicais, 10, 85, 147; de *chansonniers*, 84-5, 204; instrumentos dos cantores de rua, 89, 177; melodias como instrumentos mnemônicos, 9, 85; paródia nas letras, 85-7

musicólogos, 97

Necker, Jacques, 135

Nesle, marquês de, filhas de, 201

newtonianismo, 30

Noailles, Adrien Maurice, marechal, 14

nobreza, 53, 141

nobreza de casaca (*la noblesse de robe*), 54

nouvelles à la main (notícias manuscritas), 167

nouvellistes, 75

"Ode sur l'exil de M. de Maurepas" (poema), 125

odes, 61, 80, 107-8, 144, 150

on dits ver boatos

Opéra Comique, 88, 89

opinião pública, 18-20, 45, 134-6, 142; definições conflitivas e conhecimento da, 133, 211; filosófica, 136, 139; ideias de Condorcet e, 135, 141; ideias de Mercier e, 136-40, 142; registrada no diário de D'Argenson, 128-30; sensibilidade de Luís XV à, 46-8; sociológica, 136, 139

"Or, vous dîtes, Marie" (melodia popular), 174

Ordre du Bouchon (Ordem da Rolha), 119

Orry, Philibert, 100

"Où est-il, ce petit nouveau-né?" (canto de Natal), 175

padres, 15, 17, 25-6, 134; *ver também* abades

Paine, Thomas, 141

Panard, Charles-François, 89, 97, 119, 207

"Pantins, Les" (canção), 94, 173-4, 183

papa, 54, 94, 121

"Par vos façons nobles et franches" (canção), 176, 178

Paris, 8, 107, 133; cantores de rua, 89; opinião pública em, 19, 45; povo de, 119, 123-7; rede de comunicação em, 134; *ver também* Quartier Latin (*les pays latin*)

Parlamento de Paris, 73, 94-5, 131, 213

parlamentos e conflitos parlamentares, 18, 45; bula papal contra jansenismo e, 53; canções sobre, 95; *lits de justice* e, 47; opinião pública e, 140-1; Parlamento de Toulouse, 67; resistência à Monarquia, 131; taxação e, 53, 67-8, 73, 131, 211

Pavy, Claude, 177
Pelletier, 58
"Pendus, Les" (melodia popular), 174
"Peuple jadis si fier, aujourd'hui si servile" (poema), 77, 125, 154, 199; autoria de, 57, 203; difusão de, 22, *23*; príncipe Edouard e, 62; texto de, 154
philosophes, 54, 129
piadas, 10, 71, 112, 129
pièces de circonstance, 81
pièces fugitives, 207
"Pierrots, Les" (melodia popular), 174
Piron, Alexis, 89, 119
poemas, 27, 48; como canções, 9-10, 17; como criações coletivas, 17; contexto de comunicação e, 147; Corte de Versailles como origem de, 34; difusão de, *23*, 56, 107, 146; Maurepas e a política da Corte, 36--40; no Caso dos Catorze, 8, 9, 15; odes, 57, 61, 80, 107-8, 144, 150; princípio da *indignatio* e, 61, 65; relatórios da polícia sobre, 46; satíricos, 15, 47, 58; sensibilidade de Luís XV à opinião pública e, 47-8; trocadilhos e jogos de palavras, 37, 39
Poissonades (ciclo de canções), 74, 131, 178, 188, 192
polícia: abandono da investigação, 35; ardis usados para prender suspeitos, 14, 32; arquivos como fonte de informação, 59; autoridade absoluta do rei e a, 32; Caso dos Catorze e, 8-9, 13-7; competência do trabalho de detetive, 145-7; dimensão popular dos versos nos arquivos da, 120; opinião pública registrada nos arquivos da, 133; perigo ideológico no Ancien Régime e, 28; reservas de descontentamento popular documentada pela, 125; técnicas de interrogatório, 29; *ver também* dossiês de polícia; espiões de polícia política, 7, 36-40, 45-6, 132
Pompadour, Jeanne Antoinette Poisson, marquesa de, 35, 108, 126; como plebeia, 48, 70, 187; comparada com Agnès Sorel, 64, 127; em jogos de palavras, 110; epítetos para, 186; hostilidade do marquês D'Argenson com, 129; incidente com os jacintos brancos (*fleurs blanches*), 39, 98, 165-6, 179; irmão de, 181; Maurepas e, 37-9, 47, 98, 165, 178; óperas encenadas por, 190; opinião pública contra, 130; piadas e chistes sobre, 112; *Poissonades* (ciclo de canções), 74, 130-1, 178, 188, 192; prisões por causa de *mauvais propos* (maledicência) sobre, 55-6; zombada em canção, 72, 98-104
pont-neufs (canções de circunstância), 72, 90, 113
Pretendente, o *ver* Edouard, príncipe (o Pretendente), Caso do
"Prévôt des marchands, Le" (melodia popular), 95, 174
príncipes, 46, 127
progresso, teoria de Condorcet sobre, 142
prostitutas, 56, 94, 180
Puisieulx, Louis Philogène Brúlart, visconde de, 158, 183

"Qu'une bâtarde de catin" (poema), 107, 120, 196; como canção, 71-3,

102-4; difusão de, 22, *23*, 26, 73-4, 80, 146; Guyard e, 75, 77, *79*, 81; Mairobert e, 74-5, 81; popularidade de, 175; texto de, 155; versões de, 81-2, 155, 161-3, 179, 180, 182-3

"Quand le péril est agréable" (canção), 178

"Quand mon amant me fait la cour" (melodia popular), 102, 179

Quarenta e Cinco (revolta jacobita de 1745), 51

Quartier Latin (*le pays latin*), 77, 107; desprezo do conde D'Argenson por, 17, 26, 61-2

"Quel est le triste sort des malheureux Français" (poema), 77; autoria de, 58, 203; Caso do Príncipe Edouard e, 62-3; difusão de, *23*; memorizado por recitadores, 29; recepção popular de, 126; texto de, 63-4, 150-4

Racine, Jean, 65-6, 205
Rathery, E.-J.-B., 165, 179, 199-202, 208-11
Raunié, Émile, 162, 201, 208
Ravaillac, François, 48, 118-9
Razão, opinião pública e, 135-6, 139
Recueil dit de Maurepas: Pièces libres, chansons, épigrammes et autres vers satiriques, 163
regicídio, 48, 118
Renascimento, 35, 46
Retz, Paul de Gondi, cardeal de, 46
"Réveillez-vous, belle dormeuse" (poema), 96
"Réveillez-vous, belle endormie" (canção), 99-101, 105-6, 173, 176, 178, 207

Revolução Francesa (1789), 46, 106, 131, 135, 140, 142, 148
Richelieu, Louis François Armand du Plessis, marechal de, 56, 73, 166-7
Rochebrune, Agnan Philippe Miché de, 15-6, 145, 199
Ronsard, Pierre de, 65
Rossignol, abade, 59
Rousseau, Jean-Jacques, 43
Rousselot, Alexandre Joseph, 57

Sacro Império Romano, 50
Saint-Florentin *ver* Vrillière, La
Saint-Séverin d'Aragon, Alphonse Marie Louis, conde de, 109-10
salões, 20, 88
"Sans crime on peut trahir sa foi" (poema), 158, 203; difusão de, *23*; memorizado por recitadores, 29; *vingtième* denunciada em, 67, *69*
"Sans le savoir" (melodia popular), 194
Saxe, Maurice, marechal de, 206
sedição, 17, 28
Shelburne, lorde, 142, 213
Sigorgne, Pierre, *23*, 24, 44, 59, 107; em relatório da polícia, 169; exílio de, 30, 42; memorização de poemas, 80, 146; newtonianismo e, 30; resistência durante interrogatório, 29
Simple Fillette, La (livro de canções), 93
Simpson, Wallis, 86
Skinner, Quentin, 147, 213
Sorel, Agnès, 64, 127
Stuart, Charles Edward *ver* Edouard, príncipe (o Pretendente), Caso do
Tableau de Paris (Mercier), 138

taille, imposto, 53
tavernas, 73, 107, 119, 134, 188
taxação, 49, 56, 70; *affaires extraordinaires,* 53; canções sobre, 84, 115, 145; denunciada em poemas, 66-8, 69; família de Mme. de Pompadour e, 193; Guerra da Sucessão Austríaca e, 184; opinião pública e, 130; propostas de reforma e, 140; *ver também vingtième,* imposto
teatros de vaudevile, 119
telefone, 7
telégrafo, 8
televisão, 8, 145
"Tes beaux yeux, ma Nicole" (melodia popular), 175
Théâtre de la Foire, 88
Théret, 22, *23,* 26, 77, 80, 170, 197
tiradas de espírito, 112
"Ton humeur est Catherine" (melodia popular), 174
trabalho de detetive, pesquisa histórica como, 145, 147
Tragiques, Les (Daubigné), 65
Tranchet, Jean Gabriel, *23,* 24, 27, 171, 196
"Trembleurs, Les" (canção), 76, 175, 188
Turgot, Anne Robert Jacques, 30-1, 135, 199

Unigenitus (bula papal, 1713), 25, 54, 100, 182
Universidade de Paris, 9, 26, 100
Utrecht, Paz de, 51

Vadé, Jean-Joseph, 89, 119
Varmont, 16, 27, 198; em relatórios da polícia, 171; "Lâche dissipateur des biens de tes sujets" e, 80; memorização de poemas, 29; rede de comunicação de, *23*
vaudeviles (canções poulares), 88, 138, 205
Vauger, 59
Versailles, 34, 61, 133; Caso do Príncipe Edouard e, 65; circulação de canções e, 94; marquês D'Argenson e, 128; opinião pública e, 47, 49, 132; polícia e, 34; política da Corte de, 36; redes de comunicação e, 60; rivalidades políticas e, 9, 178; zombaria de figuras proeminentes em, 73
Vie privée de Louis XV, 151, 154, 165, 201
vielleuses (tocadoras de realejo), 94
Vincennes, Château de, 31, 52, 55
vingtième, imposto, 53-4, 56, 108, 148; como tributo semipermanente, 184; denunciado em poema, 67, 69; estrofes de canções sobre, 73, 75, 113; magistrados do Parlamento e, 131; opinião pública contrária, 131; resistência do clero a, 131
"Voilà ce que c'est d'aller au bois" (melodia popular), 174
Voltaire, 73, 129
"Vous m'entendez bien" (melodia popular), 174
Voyer de Paulmy, Marc Pierre *ver* D'Argenson, Marc Pierre de Voyer de Paulmy, conde
voz pública, 49

Watteau, Louis Joseph, *91*

zombaria, 71-3, 110, 148, 194

ESTA OBRA FOI COMPOSTA PELA SPRESS EM MINION E IMPRESSA EM OFSETE
PELA PROL EDITORA E GRÁFICA SOBRE PAPEL PÓLEN SOFT DA SUZANO PAPEL
E CELULOSE PARA A EDITORA SCHWARCZ EM MARÇO DE 2014

A marca FSC® é a garantia de que a madeira utilizada na fabricação do papel deste livro provém de florestas que foram gerenciadas de maneira ambientalmente correta, socialmente justa e economicamente viável, além de outras fontes de origem controlada.